AF501185

DU RÉTABLISSEMENT
DE
LA MONARCHIE

APPEL AUX HONNÊTES GENS

PAR

Amédée CARUGINI

PARIS

SOCIÉTÉ GÉNÉRALE DE LIBRAIRIE CATHOLIQUE

VICTOR PALMÉ, DIRECTEUR GÉNÉRAL,

76, *rue des Saints-Pères*, 76

BRUXELLES	GENÈVE
des Paroissiens, 12.	4, rue Corraterie, 4.

DU RÉTABLISSEMENT

DE

LA MONARCHIE

PARIS. — IMP. V. GOUPY ET JOURDAN, 71, RUE DE RENNES.

DU RÉTABLISSEMENT
DE
LA MONARCHIE

APPEL AUX HONNÊTES GENS

PAR

Amédée CARUGINI

PARIS
SOCIÉTÉ GÉNÉRALE DE LIBRAIRIE CATHOLIQUE
VICTOR PALMÉ, DIRECTEUR GÉNÉRAL,
76, *rue des Saints-Pères*, 76

BRUXELLES	GENÈVE
12, rue des Paroissiens, 12.	4, rue Corraterie, 4.

DU RÉTABLISSEMENT

DE

LA MONARCHIE

CHAPITRE PREMIER

Réflexions sur l'attitude actuelle du parti monarchiste.

La France traverse l'heure la plus critique peut-être de son histoire, et, sans être de ces esprits pessimistes qui voient toujours tout en noir, on peut se demander avec une légitime anxiété si elle ne va pas périr. Le danger de la situation actuelle ne provient pas seulement des désastres de la dernière guerre : un peuple se relève toujours d'une guerre malheureuse, à moins qu'il ne s'abandonne lui-même ; il ne provient pas seulement de la forme républicaine que nous subissons en ce moment. Non ; il consiste surtout dans le triomphe de plus en plus complet parmi nous des doctrines révolutionnaires. C'est là qu'est l'immense péril de l'heure présente.

Sans doute, la République, considérée en elle-même et au point de vue strictement politique, est une forme de gouvernement défectueuse, qui ne saurait convenir à un grand pays, surtout quand ce pays est, comme la France, essentiellement monarchique par tempérament et par tradition ; mais enfin, si elle n'était qu'une forme politique imparfaite, on pourrait, à la rigueur, la subir, ou du moins ne pas désirer avec autant d'ardeur son renversement. Son maintien, en effet, ne présenterait que des inconvénients et ne compromettrait pas aussi gravement l'avenir même du pays.

Malheureusement, la République est autre chose, si je puis parler ainsi, que la République pure et simple ; elle est la Révolution, et c'est ce qui nous impose l'obligation stricte, le devoir rigoureux de la combattre : il y a là pour nous une question de vie ou de mort.

Qu'il y ait identité absolue entre la République et la Révolution, du moins en France, cela ne saurait faire doute pour personne. Je dis du moins en France, car je ne veux rien avancer qu'on puisse contester. Il est bien évident, en effet, que la Providence n'a imposé aux hommes aucune forme de gouvernement. Il s'ensuit donc qu'une République qui se serait établie légitimement dans un pays et qui respecterait les droits de Dieu, mériterait assurément le respect et la soumission. Les philosophes pourraient bien, en manière de spéculation, discuter à perte de vue sur la République et la Monarchie, sur leurs inconvénients et leurs avantages réciproques. Ce seraient là de vaines dissertations qui ne sortiraient pas du domaine de la théorie et n'empêcheraient pas la République d'être le gouvernement légitime. Je n'ai donc pas la prétention de soutenir cette erreur que la République, envisagée d'une manière abstraite, soit essentiellement la Révolution, c'est-à-dire le mal. Sans vouloir examiner ce qui se passe ailleurs, je me borne à affirmer qu'en France, la République se confond absolument avec la Révolution. Et les raisons en sont bien simples.

Sans être nécessairement la Révolution, la République est cependant de toutes les formes politiques celle qui a le plus d'affinité avec la Révolution. Elle n'a fait, du reste, sa première apparition chez nous qu'au moment même de l'avènement de la Révolution. Ce sont principalement les révolutionnaires qui sont ses partisans. Ceux qui la défendent ne le font pas parce qu'elle leur paraît assurer mieux la liberté, se prêter moins à l'arbitraire, réaliser plus d'économies que la monarchie ; non, ils la soutiennent parce qu'elle personnifie surtout la Révolution.

Il est absolument nécessaire de se pénétrer de ces vérités, si l'on veut travailler efficacement au relèvement de la patrie. Quiconque sera bien convaincu que la République perd la France parce qu'elle est la Révolution, comprendra du même coup sur quel terrain il faut porter la lutte. Il verra que c'est peu de renverser la République, si le gouvernement qui lui succède est, lui aussi, imbu des doctrines révolutionnaires. La Révolution, en effet, bien que la République soit sa forme politique préférée, n'est pas tellement identifiée avec ce régime qu'elle ne puisse se glisser dans les monarchies les plus légitimes, et trouver jusque sur le trône des auxiliaires et des complices.

Si j'avais quelque autorité sur mes concitoyens, je leur dirais : Unissez-vous pour former un grand parti monarchiste antirévolutionnaire, c'est là qu'est le salut ; ne le cherchez pas ailleurs ; vous vous épuiseriez en efforts stériles.

Or, la constitution de ce grand parti monarchiste

antirévolutionnaire est-elle possible ? Je persiste à croire que oui. J'irai même plus loin. Je soutiendrai qu'à l'heure actuelle, il est possible de constituer un grand parti conservateur, rallié derrière le même chef et embrassant dans son vaste sein depuis les légitimistes de la veille jusqu'à ces républicains honnêtes, que les excès du gouvernement républicain commencent à éloigner de ce régime et qui sont bien près de saluer dans monsieur le Comte de Paris, le dernier champion de l'ordre et de la liberté. Que faut-il donc pour que cette union si désirable, si nécessaire, sans laquelle nous ne pouvons rien, avec laquelle nous pouvons tout, devienne un fait accompli ? Deux choses : du côté des légitimistes de la veille, un peu moins de méfiance, une attitude moins pleine de réserve ; et du côté des conservateurs libéraux, un peu moins d'attachement à leurs idées propres, une intelligence plus grande du véritable caractère de la Révolution. A cette double condition l'union se fera, et de cette union sortira le salut.

Les uns ont demandé à monsieur le Comte de Paris, avec une insistance peut-être trop grande, de rompre le silence. D'autres lui ont crié, au contraire, poussés par un mobile peut-être trop visible : Prince ne parlez pas! Nous croyons que les uns et les autres ont eu tort.

Sans doute, nous sommes à une de ces heures terribles où il est nécessaire que tout le monde, et surtout le Roi, fasse son devoir. Sans doute, on comprend jusqu'à un certain point toutes les craintes auxquelles a donné naissance la mort de monsieur le Comte de Chambord. Sans doute, en modifiant un peu un mot célèbre de ce grand prince, il est, dans une certaine mesure, vrai de dire : « l'heure est toujours à Dieu, et la parole est toujours à la France ; mais elle est aussi au Roi. » Sans doute enfin, le parti conservateur ne pourra exercer une influence sérieuse qu'autant que son chef lui-même agira. Mais est-il d'une politique bien habile de la part des légitimistes de manifester tant de méfiance à l'égard de celui qui est, après tout, leur Roi ? Est-il bien de leur devoir de peser ainsi sur ses décisions et de lui refuser en quelque sorte jusqu'à la liberté de juger de l'heure et de l'étendue de l'action? Tout cela est-il d'une bonne discipline et ne compromet-il pas le principe d'autorité que l'on veut cependant défendre ? Je me contente de poser ces questions et je laisse à la conscience si droite, d'ailleurs, des légitimistes, le soin d'y répondre. Qu'ils me permettent cependant une simple observation. Hier, ils reprochaient, non sans raison, aux monarchistes libéraux de trop se tenir à l'écart du comte de Chambord ; qu'ils prennent garde d'encourir le même reproche, et qu'à leur tour on ne les accuse de trop se tenir à l'écart du Comte de Paris. Et si j'osais leur donner un conseil, je leur dirais : « Loin de bouder le nouveau représentant du principe monarchique, loin de lui faire je ne sais quelle opposition sourde, combattez franchement et énergiquement pour lui. Dans l'intérêt même des idées qui vous sont chères et dont vous avez raison de souhaiter le triomphe, prenez dans le parti monarchiste qui se constitue sous vos yeux, la place, la grande place qui vous appartient. Ne vous obstinez pas à vous renfermer dans une abstention systématique qui ne pourrait être que funeste. Il faut que la monarchie se fasse avec votre concours ; c'est le seul moyen de l'obliger à compter avec vous. Autrement elle pourrait bien se faire sans vous, et si elle se faisait sans vous, se faire contre vous : ce qui serait un malheur irréparable. »

Quant à ceux qui ont crié si haut au Roi : « Prince ne parlez pas ! » me permettront-ils de leur demander la raison de ce silence dans lequel ils veulent enfermer le Roi ? J'ai grand' peur qu'ils ne redoutent de la part du Roi une de ces grandes paroles dignes à la fois et de lui et de la France, qui engagent l'avenir dans un sens trop chrétien. Ont-ils donc gardé encore des illusions sur la Révolution ? Ne voient-ils pas que nous souffrons plus encore de la Révolution que de la République, et que si cette monarchie, dont ils rêvent le rétablissement, ne rompt pas franchement avec la Révolution, elle sera impuissante à conjurer le mal et ne fera que lui préparer un nouveau et plus terrible réveil qui, cette fois, disons-le bien haut, emportera sans retour la malheureuse France ?

Il est nécessaire que le Roi parle et agisse : c'est son devoir ; mais il est inconvenant de lui imposer l'heure de la parole et de l'action. Quand viendra le moment opportun, je suis convaincu qu'il se montrera tel qu'il doit être, digne de son nom et de sa mission, en un mot, un véritable fils de France.

Le devoir du Roi est donc évident, et il saura le remplir. Mais le nôtre l'est-il moins ? n'avons-nous pas pour mission de préparer le moment de l'intervention royale, de faire en sorte qu'elle soit ce qu'elle doit être, nettement antirévolutionnaire? Si le Roi se trouvait en présence d'un vaste mouvement d'opinion contre la Révolution, ne serait-il pas obligé, en admettant même que personnellement il eût gardé quelques illusions contraires, de conformer son action à ce mouvement ? Si au contraire, la phalange antirévolutionnaire ne forme qu'une minorité et que la grande masse des monarchistes persiste à garder de secrètes attaches pour les principes et les doctrines de la Révolution, le Roi, je le demande, quelles que puissent être, d'ailleurs, ses bonnes intentions, ne sera-t-il pas, au moins dans une grande mesure, condamné à l'impuissance? Tout ne dépend donc pas du Roi seul. Le concours de la France est nécessaire, et de même que la France sans le Roi ne peut que s'enfoncer chaque jour plus avant dans l'abîme, le Roi sans la France ne peut rien pour notre salut.

A mon humble avis, la monarchie sauvera la France si elle est franchement anti-révolutionnaire, c'est-à-dire si elle est franchement chrétienne. Au contraire, si elle n'est que la substitution d'un régime politique à un autre, si elle n'est que le changement de l'étiquette gouvernementale, et qu'au lieu d'un roi elle se borne à placer à la tête du pays une sorte de Grévy héréditaire, elle ne sauvera rien et ne fera qu'aggraver la situation. Voilà ce qu'il faut à tout prix faire comprendre aux légitimistes nouveaux, à ceux qui, hier encore, boudaient le Comte de Chambord, et qui aujourd'hui n'acclament avec tant d'enthousiasme le Comte de Paris, que parce qu'ils espèrent trouver en lui je ne sais quelle atténuation des principes, je ne sais quelle complaisance secrète pour les erreurs d'une époque que l'on croit incapable de supporter l'austère vérité.

Et quand nous disons qu'il faut rompre avec la Révolution, il ne faut pas croire que nous demandions le retour pur et simple au passé, la résurrection de l'ancien régime, la restauration de toute l'antique organisation sociale. Telle n'a jamais été notre pensée, et il faut vraiment que nous vivions à une époque d'affaiblissement intellectuel comme la nôtre pour qu'il soit nécessaire de réfuter semblable accusation. Mais enfin puisque ce ridicule préjugé persiste, persistons à en faire justice, et rien ne nous paraît devoir mieux atteindre ce but qu'un exposé aussi clair que succinct de ce que nous entendons par la Révolution.

CHAPITRE II

Idée générale de la Révolution.

A nos yeux, la Révolution n'est pas seulement le cataclysme historique qui a marqué la fin du dernier siècle; elle n'est pas seulement la substitution d'un régime politique à un autre, une part plus large laissée à la nation dans la confection des lois et la direction des affaires. Toutes ces choses auraient pu se produire sans constituer la Révolution. L'histoire humaine est pleine de ces grands bouleversements qui changent la forme gouvernementale d'un pays ou modifient profondément son état social. Mais ce ne sont là que des Révolutions. Ce que nous appelons la Révolution est quelque chose d'absolument nouveau dans l'humanité. Ce n'est point la chute du despotisme : nul parmi nous n'est partisan du despotisme. Ce n'est point l'avènement de la liberté : nul parmi nous n'est l'ennemi de la liberté, bien que nous ne consentions pas à considérer 1789 comme sa date de naissance et que nous persistions à lui donner une origine aussi ancienne que le christianisme lui-même. Ce n'est point le régime représentatif : nul parmi nous ne rêve une monarchie absolue où la volonté royale soit tout et n'ait aucun contrepoids. Ce n'est pas même, j'irai jusque-là, le suffrage universel : bien que le suffrage universel, tel qu'il fonctionne sous nos yeux, soit organisé de façon à représenter, non pas toutes les forces vives du pays, mais seulement le nombre ; néanmoins, il ne constitue, envisagé à ce point de vue, qu'un rouage politique défectueux ; et si nous le condamnons, c'est moins à cause de cette organisation vicieuse qu'à cause de son intolérable prétention à la souveraineté absolue, comme si rien de ce qui est humain pouvait prétendre à la souveraineté absolue, et comme si la volonté humaine, privée ou collective, n'était pas toujours tenue de se conformer à une volonté plus haute, la volonté divine.

Mais toutes ces éliminations faites, comment convient-il de définir la Révolution ? Je la définirai un principe de vie publique absolument nouveau et dont les conséquences s'étendent à l'ordre social tout entier, et ce principe consiste dans la séparation systématique de la Société d'avec Dieu. Je dis que c'est là un principe absolument nouveau ; car, jusqu'en 1789, l'humanité, même païenne, avait toujours considéré la religion comme le fondement essentiel des États. Et j'ajoute que c'est un principe dont les conséquences s'étendent à l'ordre social tout entier, parce que, Dieu écarté, la volonté humaine devient l'unique base de la société, et que la volonté humaime, ne reconnaissant plus d'autre règle qu'elle-même, en arrive bientôt à identifier ses caprices avec la justice, et à méconnaître tous les droits.

Il est nécessaire que tous comprennent qu'en France la question politique n'est au fond qu'une question sociale, et que la question sociale n'est elle-même qu'une question religieuse. Se flatter de résoudre les problèmes politiques et sociaux en dehors de Dieu, c'est prouver qu'on n'entend même pas les premiers éléments de la question. J'irai même plus loin, c'est sortir de cette abstention systématique que l'on prétend garder vis-à-vis de Dieu. Car nous sommes dans une telle dépendance de Dieu, il est tellement le commencement, la voie et la fin de toutes choses qu'il nous est absolument impossible de concevoir un ordre quelconque de choses ou de connaissances dont il ne soit pas le centre et l'unique raison d'être. Il est présent partout et à tout. C'est en vain que nous voulons lui échapper; c'est en vain que nous rêvons de constituer quoi que ce soit, je ne dirai pas contre lui, mais en dehors de lui. Dès que nous le mettons systématiquement en dehors de quoi que ce soit, nous le nions, non seulement sur ce point, mais sur tous les autres, et nous sommes au fond des athées. Notre indifférence, fût-elle restreinte à l'ordre politique et social, équivaut à une négation radicale. Dieu est tellement grand et il remplit tellement toutes choses, il est tellement le fondement de tout, qu'il n'y a pas pour nous de milieu entre ces deux extrêmes: ou l'adorer partout ou le nier partout. Sa souveraineté est universelle et absolue, elle est indivisible comme lui-même : la mutiler, c'est la supprimer.

Je ne dis pas nier Dieu, mais l'omettre, oui seulement l'omettre sur un point, est aussi grave que de le nier totalement, et produit les mêmes résultats funestes.

Si l'on voulait comprendre ces vérités qui sont élémentaires et dont l'évidence saute aux yeux, nous ne verrions pas tant de gens animés d'ailleurs d'excellentes intentions, mais d'un aveuglement à nul autre pareil, chercher entre l'Eglise et la Révolution je ne sais quelle conciliation, comme si l'Église pouvait, sans nier elle-même le Dieu qu'elle a mission de prêcher, entrer en transaction avec la Révolution qui n'est au fond que la négation de ce Dieu. Nul rapprochement n'est possible entre l'Église et la Révolution. Se flatter de louvoyer entre l'une et l'autre, espérer qu'en laissant à la première le domaine de la vie privée, et à la seconde, celui de la vie publique, elles pourront vivre en paix, sans que, d'une part, l'Église réduite au domaine de la vie privée, ait rien à craindre, même sur ce domaine restreint, des entreprises de la Révolution, ni que, d'autre part, le domaine de la vie publique, abandonné tout entier à la Révolution, ait rien à souffrir de cet abandon, c'est se préparer de sanglantes et cruelles déceptions, c'est ne tenir aucun compte des terribles leçons de l'expérience, c'est enfin faire preuve d'un manque absolu de logique qui a lieu de surprendre dans des esprits d'ailleurs éclairés.

En effet, je mets au défi quiconque croit en Dieu et daigne tant soit peu raisonner, de nier aucune des conclusions suivantes :

Dieu étant admis, il est impossible que l'homme, être doué d'intelligence et de volonté, ait une autre fin que de connaître et d'aimer Dieu.

Si l'homme a pour fin de connaître et d'aimer Dieu, il est impossible que la société, sans laquelle il ne pourrait ni connaître ni aimer Dieu, puisque c'est par elle seulement que son intelligence passe de la puissance à l'acte, ne soit pas son état naturel, et, dès lors, ne rentre pas dans l'économie du plan providentiel.

S'il en est ainsi, ne faut-il pas reconnaître que le véritable auteur de la société, et par suite son véritable législateur, c'est Dieu lui-même?

Mais si Dieu est l'auteur et le législateur de la Société, ne s'ensuit-il pas que s'il peut y avoir dans la société certaines choses abandonnées à la libre détermination des hommes, comme les formes politiques par exemple, il en est d'autres qu'ils sont tenus de respecter et qui doivent se retrouver au fond de toutes les constitutions politiques, quelles qu'elles soient? Et ces choses essentielles, ces choses fondamentales qui constituent ce que j'appellerai l'élément nécessaire de toute société, tandis que les formes politiques n'en sont que l'élément accidentel, n'est-il pas vrai de dire qu'elles ne pourront être respectées que dans la mesure où Dieu, qui est leur unique raison d'être, le sera lui-même? Par suite, toute négation sociale de Dieu n'aura-t-elle pas pour effet d'ébranler ces fondements primitifs de l'ordre social, et avec eux, la société tout entière?

Enfin, la fin suprême de l'homme étant de connaître et d'aimer Dieu, n'est-il pas évident que cette fin, pour cela seul qu'elle est le dernier terme de la création, l'unique raison d'être de la création, doit dominer toutes les fins particulières, que toutes les fins particulières doivent donc converger vers elle et que c'est principalement en vue d'elle que l'ordre temporel doit être régi?

Telles sont les vérités que nous affirmons de toute l'énergie de nos âmes et que doivent affirmer avec nous, non seulement ceux qui sont catholiques, mais tous ceux qui croient en Dieu. Que l'on admette le Dieu de la Révélation, ou que l'on s'en tienne au Dieu que nous connaissons par les lumières naturelles de la raison, les principes que nous venons d'exposer sont les mêmes et s'imposent aussi rigoureusement. Des deux côtés, Dieu étant affirmé, ses droits sont les mêmes, si ce n'est qu'au point de vue catholique Dieu possède la royauté sociale non seulement en tant que Dieu de la raison, mais encore en tant que Dieu révélé. La Révolution, en niant la royauté sociale de Dieu, est donc non seulement anti-catholique et anti-chrétienne, elle est en même temps anti-rationnelle, puisqu'elle nie radicalement Dieu, et qu'en niant Dieu, elle va directement contre la raison qui en démontre si clairement l'existence.

Il n'y a que trois manières de concevoir la société: ou avec Dieu, ou contre Dieu, ou en dehors de Dieu. Or, j'affirme que la seule vraie manière de concevoir la société, c'est de la concevoir avec Dieu. J'affirme qu'une société contre Dieu, c'est-à-dire qui non seulement ne fait aucune place à Dieu dans ses lois, mais combat impitoyablement l'idée de Dieu, est une société qui s'achemine d'un pas rapide et sûr à la dissolution et à la ruine. J'affirme enfin que toute société en dehors de Dieu, c'est-à-dire qui, sans faire à Dieu une guerre impitoyable, passe indifférente à côté de lui, est au fond la même chose qu'une société contre Dieu, et, pas plus que celle-ci, ne peut compter sur le lendemain.

Par là, il est démontré que toutes les écoles révolutionnaires sont aussi dangereuses les unes que les autres, et que même les plus dangereuses sont celles qui reculent devant certaines conséquences d'un principe qui leur est cependant commun avec toutes les autres, parce que le masque de modération dont elles se couvrent n'est propre qu'à faire illusion aux peuples et qu'à les précipiter plus sûrement dans l'abîme de la Révolution extrême.

Pour mieux faire ressortir cette vérité, esquissons successivement la physionomie des différentes écoles révolutionnaires. Elles peuvent, selon moi, se ramener à trois écoles principales : l'école socialiste, l'école radicale, l'école libérale. Elles vont tour à tour passer sous les yeux du lecteur qui verra clairement, après ce rapide examen, que l'école libérale est fatalement appelée à disparaître devant l'école radicale ; ce qui, du reste, est un fait à peu près accompli ; et qu'à son tour, l'école radicale est non moins fatalement appelée à disparaître devant l'école socialiste ; ce qui est en train de s'accomplir et plus rapidement même qu'on ne se l'imagine d'ordinaire.

CHAPITRE III

Du Socialisme.

De toutes les écoles révolutionnaires, l'école socialiste est la seule qui soit logique, parce que c'est la seule qui tire franchement, des principes révolutionnaires, les conséquences qu'ils comportent.

Aux yeux de la Révolution, dont le socialisme est l'expression fidèle et complète, il n'y a pas de Dieu. L'univers est le produit du hasard, et l'homme n'est que le résultat d'une longue série de transformations successives. On sait qu'un soir il se coucha singe, et, le lendemain, se réveilla homme. Telle est la Genèse moderne, celle qui a la prétention de remplacer Moïse. L'état primitif de l'homme, continue l'école dont j'analyse ici les doctrines, ne fut nullement l'état social. L'homme a d'abord été un véritable animal, vivant au fond des bois, et ne poussant que des cris inarticulés dont il épouvantait les solitudes où s'écoulaient ses jours. Temps heureux que regrettait Rousseau ! Si l'homme, alors, n'avait ni députés, ni ministres, ni avocats, ni médecins, ni même de journalistes, il vivait, du moins, exempt de préjugés, ne faisant nulle distinction entre le bien et le mal, et dormant d'un sommeil aussi tranquille après le meurtre de son semblable, que nous après le meurtre d'un lapin.

Mais l'homme ne resta pas toujours dans cet état primitif de simplicité. Peu à peu, il se transforma, se civilisa, perdit ses habitudes de vie vagabonde et solitaire, apprit à parler, et enfin entrant, grâce au langage, en relations plus étroites avec ses semblables, fonda la Société. Comment l'homme s'éleva-t-il de lui-même et par lui-même, de l'état sauvage à l'état social ? Il serait long et difficile de l'expliquer. C'est à la science qu'il appartient de résoudre ce problème. Toujours est-il qu'à nos yeux, la Société n'est plus un fait divin, comme le croyaient nos naïfs aïeux, trompés par ces habiles qui, si longtemps, réussirent à asseoir leur puissance sur la superstition. Nous, hommes du dix-neuvième siècle, nous, les fils du progrès, nous ne voyons plus dans la société qu'un fait humain, et il doit en être ainsi, puisque nous écartons Dieu.

La société est donc un fait purement humain. Voilà le principe que pose la Révolution ; mais il est gros de conséquences, comme nous l'allons voir.

Si la société est un fait humain, elle repose uniquement sur la volonté de l'homme, et il ne faut pas chercher ailleurs que dans la volonté de l'homme la source et la raison de toute règle et de toute loi. Mais comme on ne peut laisser à chaque volonté individuelle une pleine et entière liberté, parce qu'alors toute société serait impossible, la Révolution a imaginé de chercher la règle et la loi dans la volonté du plus grand nombre. Elle reconnaît que l'homme pris isolément peut errer ; mais, par une contradiction étrange, elle proclame qu'il est infaillible en tant que foule. De là découle la souveraineté absolue du peuple, c'est-à-dire l'infaillibilité du peuple, l'infaillibilité, en effet, étant nécessairement supposée partout où il y a souveraineté absolue. Bizarre infaillibilité qui n'exclut pas la contradiction, le peuple étant toujours libre de se déjuger et de brûler aujourd'hui ce qu'il adorait hier, de sorte que le droit, loin d'être cette règle fixe et absolue, supérieure aux hommes et qui, dans tous les temps et tous les lieux, doit présider à leurs relations, devient une chose essentiellement variable, soumise à toutes les fluctuations de l'opinion, ne se distinguant pas du fait, et, en réalité, identifiée avec le nombre, c'est-à-dire avec la force.

Telle est la doctrine véritablement monstrueuse qui est au fond du dogme moderne de la souveraineté du peuple, et qui est implicitement contenue dans la négation de la souveraineté sociale de Dieu.

Le peuple proclamé souverain, cela suppose sa perfection native. Il n'a donc plus besoin d'être gouverné. Et s'il daigne encore organiser un pouvoir quelconque, ce pouvoir, découronné de l'auréole divine qui jadis environnait son front, n'a plus aucune mission directrice. D'abord, il n'est plus le souverain ; il n'est que le serviteur, que le commis, que le laquais du souverain, c'est-à-dire du peuple, en qui réside d'une manière inamissible la souveraineté. Qu'il n'ait donc pas l'audace de substituer sa volonté à celle du peuple ; mais qu'il se souvienne qu'il n'a d'autre mandat ni d'autre devoir que d'être le fidèle exécuteur de cette volonté du peuple. A cette condition seulement, celui-ci pourra bien, pendant quelque temps, lui continuer sa confiance. Qu'il ne donne à son maître aucun sujet de mécontentement, car une chute rapide serait bientôt le prix de ses velléités d'indépendance.

Que dis-je ? Quand bien même il n'aurait jamais résisté à la volonté populaire, qu'il s'estime trop heureux de n'être pas renversé !

Ce pouvoir révolutionnaire, si dépourvu d'autorité, si instable, jouit cependant d'une toute-puissance illimitée. Cela peut sembler contradictoire ; pourtant, rien n'est plus vrai.

Ce pouvoir n'est-il pas l'organe de la souveraineté du peuple ? Ne participe-t-il pas dès lors à la toute-puissance de celui qu'il représente ? En tant qu'il est l'expression de la volonté du nombre, il est au-dessus de tout, et tout dépend de lui. Il personnifie l'État; or, l'État, qui n'est pas autre chose que le nombre envisagé comme être collectif, loin qu'en face de lui se dressent des droits qu'il soit tenu de respecter, est lui-même la source de tous les droits.

Au fond, comme en dépit de toutes les théories contraires, le peuple, tout souverain qu'il se proclame, est toujours et fatalement gouverné, ses prétendus mandataires ne sont que d'habiles gens qui exploitent sa souveraineté. Ils lui laissent croire qu'il est souverain, et ce sont eux qui exercent véritablement la souveraineté ; ils lui persuadent qu'ils accomplissent sa propre volonté et, en réalité, ils exécutent seulement la leur.

Pour nous convaincre que la toute-puissance de l'État, et par conséquent du pouvoir qui est sa personification, est bien le fond de la doctrine révolutionnaire, nous n'avons qu'à examiner la manière dont la Révolution envisage les rapports de l'État avec la famille, avec la religion, avec la propriété, qui sont les éléments nécessaires de toute société, et qui, par cela même, tirent leur raison d'être du droit éternel ou, ce qui est la même chose, de la volonté divine, et non d'une convention purement humaine.

Commençons par la famille.

Dans la thèse révolutionnaire, la famille n'est plus cette institution primitive et typique, historiquement et logiquement antérieure à l'Etat, ayant reçu de Dieu lui-même une constitution basée sur la nature et invariable comme elle. Elle n'est plus qu'un contrat purement civil, entièrement régi par la loi civile et tellement soumis à la loi civile que celle-ci peut à son gré établir ou supprimer le divorce, admettre ou rejeter la polygamie, enlever ou laisser les enfants au foyer domestique. Je n'exagère rien : tout cela n'est que le résumé des prétentions de la loi civile révolutionnaire à l'endroit de la famille.

La loi civile a l'incroyable prétention de créer la famille. Elle s'attribue la vertu de marier les chrétiens. Rien n'est risible, et j'ajoute, rien n'est impie, comme un monsieur qui, parce qu'il est ceint d'une écharpe tricolore et qu'il débite gravement deux ou trois articles du Code Napoléon, croit pouvoir déclarer aux gens qu'ils sont mariés, alors qu'aux yeux de Dieu, une telle union est radicalement nulle.

De tous les attentats dont la Révolution s'est rendue coupable contre Dieu, il en est peu qui soient aussi graves que le mariage civil. Je dirai même que tout le venin de la Révolution est en quelque sorte concentré dans cette institution. Le mariage civil équivaut à la négation publique et sociale de Dieu, à l'affirmation de l'omnipotence de la loi civile. Il contient en germe et comme en puissance, non seulement le divorce, non seulement l'enseignement athée obligatoire, mais la ruine absolue de la famille.

Le divorce figurait dans la législation révolutionnaire du premier Empire. La Restauration l'a supprimé. Elle a bien fait. Mais elle n'aurait pas dû s'en tenir là. Elle aurait dû supprimer le mariage civil lui-même. C'était le vrai moyen de reconnaître que la famille vient de Dieu et non de l'Etat, et de mettre ses droits à l'abri de toute usurpation sacrilège. Elle ne l'a pas fait; elle a eu tort. Aussi le divorce qu'elle avait supprimé a-t-il maintes et maintes fois tenté de faire sa réapparition dans nos lois ; et il finira bien par y réussir. Et même, on ne s'en tiendra pas là. Déjà plus d'une voix a réclamé l'amour libre, l'union libre. Encore quelque temps de régime révolutionnaire, et l'on saura bien se passer de monsieur le Maire pour se marier, de monsieur le Juge pour divorcer. Qui nous fera croire, après tout, à la vertu moralisatrice d'une écharpe municipale ? Le mariage civil n'est qu'une formalité administrative, et je le demande, que le maire y ait passé ou non, en quoi le caractère moral de l'union de l'homme et de la femme peut-il être affecté ? Ces réflexions que je fais ici, tout le monde finira par les faire, et c'en sera fait du mariage même civil.

L'union libre, l'amour libre passeront d'autant plus facilement dans les mœurs, et des mœurs dans les lois que l'Etat, en dépouillant peu à peu la famille de son rôle éducateur, lui aura enlevé une de ses principales raisons d'être.

Dans le plan divin, la famille est en grande partie ordonnée en vue de l'éducation des enfants. C'est au père et à la mère qu'il appartient de former le cœur et l'âme de leurs enfants, de tourner vers Dieu ces jeunes intelligences, d'assouplir ces jeunes volontés et de les habituer à l'effort qu'exige l'accomplissement du bien. La formation morale et la formation intellectuelle doivent marcher de front. Mettre Dieu d'un côté et la science de l'autre, c'est oublier que l'homme n'a qu'une âme qui, dans tout ce qu'elle fait, doit tendre à Dieu. Se flatter de mener à bien la formation morale sans Dieu, c'est oublier que sans Dieu, la conscience n'a plus ni lumière ni juge, et doit fatalement s'atrophier. Même au point de vue purement intellectuel, faire de la science sans Dieu, c'est oublier que Dieu est non seulement le père des sciences, mais encore la plus haute des sciences la seule science vraiment nécessaire, c'est donc enlever à l'intelligence ses horizons les plus sublimes, et à la lettre, la découronner.

La loi odieuse de l'enseignement sans Dieu que la franc-maçonnerie a réussi à imposer à la France frémissante et indignée, est de tous les crimes de la République le plus lâche et le plus grand, et celui qu'il ne faut pas se lasser de flétrir. Mais il découle très logiquement du mariage civil. Ne l'oublions pas ; et si, comme nous l'espérons, la Providence nous permet de balayer bientôt les plats coquins qui déshonorent le pouvoir, ne rougissons pas de faire à Dieu dans nos institutions la place qui lui est due. Remettons en honneur le mariage chrétien. Par là, les droits de la famille dans l'éducation des enfants seront reconnus de la façon la plus solennelle, et placés sous la plus sainte et la plus sûre des sauvegardes.

Je passe maintenant aux rapports de l'Etat avec la religion. Aux yeux de la Révolution, ces rapports se résument en une formule bien simple : anéantissement de l'Eglise. On le voit, c'est très clair et pas du tout compliqué.

Tant que l'idée de Dieu subsiste parmi les hommes, tant que l'Eglise est là pour leur rappeler qu'ils viennent de Dieu et doivent aller à Dieu par Dieu, le triomphe de la Révolution n'est ni complet ni assuré. Il ne faut pas qu'il se trouve quelque part une seule conscience qui proteste contre l'omnipotence de l'Etat. Cette protestation isolée suffirait à attester que la vérité n'est pas tout à fait vaincue. Il lui resterait sur la terre un dernier refuge d'où elle pourrait encore s'élancer pour reconquérir son empire sur les âmes. La seule perspective de ce triomphe possible de la vérité trouble la Révolution et lui fait prendre l'Eglise en haine.

C'est donc la force même des choses qui l'amène à persécuter l'Église. Le contraire surprendrait et la logique serait déroutée si l'État, alors que lui-même affirme sa souveraine indépendance et ramène tout à lui, respectait ou du moins n'inquiétait en aucune manière cette Église qui place au-dessus de lui Dieu, la vérité et le droit.

La Révolution qui veut anéantir l'idée religieuse, s'attaque principalement à l'Église parce qu'elle sent instinctivement que la croyance en Dieu est intimement liée au maintien de la religion positive ; elle confesse de la sorte et à sa manière la nécessité de la révélation, et je livre son témoignage aux partisans de la religion naturelle.

Pour anéantir l'Église, la Révolution use de tous les moyens. Elle emploie suivant les temps et les circonstances, tantôt la persécution hypocrite et tracassière, tantôt la persécution sanglante. Elle n'aurait même toujours recours qu'à la persécution sanglante, si elle ne craignait de réveiller en faveur de sa victime une sympathie qui compromettrait sa propre victoire.

La Révolution est essentiellement sectaire, et comme toutes les sectes, elle aime le sang. Bien qu'il soit démontré par l'histoire que, loin de nuire à l'Église, le martyre de ses fils développe au contraire son règne, dès que la Révolution se croit assez forte pour agir franchement, alors son véritable esprit se manifeste et l'échafaud ruisselle du sang des prêtres !

Aux mesures sanglantes d'une efficacité toujours plus que douteuse quand il s'agit de l'Église qui, dans le cours de sa longue histoire, est sortie triomphante de tant de persécutions atroces, les habiles peuvent bien, pour un temps, préférer une voie en apparence plus douce, en réalité plus funeste, et faire à l'Église, comme de nos jours, cette guerre de détails qui consiste à entraver de mille manières l'exercice de son ministère sacré, à fermer ses couvents, à la chasser tour à tour de l'école, de l'armée, de l'hôpital, à couper partiellement les vivres au clergé en attendant de les lui couper en masse. Outre que cette guerre savante et déloyale n'accuse pas moins de haine qu'une persécution violente, les enfants perdus de la secte, ceux qui n'ont pas, pour être dissimulés, les mêmes raisons que les habiles, se montrent à l'occasion férocement sanguinaires, et le massacre des otages, accompli par des mains populaires et dans un milieu social où l'on sait encore être franc même dans le mal, révèle suffisamment quel traitement l'Église peut attendre de la Révolution.

La Révolution qui en veut non seulement à Dieu mais à l'ordre matériel, sent parfaitement que Dieu seul garde l'ordre matériel. Voilà pourquoi elle s'acharne à détruire l'Église, bien persuadée que, l'Église une fois détruite, il n'y aura plus dans le monde aucune force capable de faire obstacle à ses desseins contre l'ordre matériel, et principalement contre la propriété.

J'arrive, on le voit, au socialisme proprement dit, bien que je ne l'aie pas quitté un seul instant; car tous les principes dont je viens de faire l'analyse, sont essentiellement socialistes. Mais, comme il est d'usage d'appeler plus particulièrement socialisme le système qui tend à la suppression de la propriété individuelle, et que cette question exige certains développements, je demande la permission de la traiter dans un chapitre spécial.

CHAPITRE IV

Suite du même sujet.

La liberté individuelle est intimement liée au droit de propriété. Quel homme, s'il n'est maître de son travail et des fruits de son travail, peut se flatter d'être vraiment indépendant?

La renonciation au droit de propriété s'explique dans un institut monastique; elle ne se conçoit pas dans la société temporelle. L'homme qui se fait moine n'abdique sa liberté qu'au profit de Dieu, et cette abdication, loin de l'amoindrir, le rend plus libre que personne. L'indépendance véritable, en effet, ne consiste pas à ne relever que de soi, mais à ne relever que d'un maître légitime. Or, quel maître est plus légitime que Dieu? Le religieux qui se place sous la main immédiate de Dieu, est donc, par cela même, de tous les hommes le plus indépendant.

Mais dans la société temporelle, renoncer au droit de propriété, n'est-ce pas la même chose que de renoncer à sa propre liberté? Supposons la théorie socialiste réalisée. Qu'en résultera-t-il? La suppression de la propriété? Non pas, mais sa concentration en une seule main. C'est la collectivité, pour employer l'expression à la mode, qui sera la seule propriétaire. Mais qu'est-ce que la collectivité? Une fiction purement morale qui n'a de réalité que par l'État qui lui-même, autre entité morale, n'a de réalité que par le pouvoir. Or, prenez toutes les garanties qu'il vous plaira; divisez le pouvoir autant qu'il vous plaira; outre que je ne serais nullement rassuré pour ma liberté quand bien même je dépendrais matériellement d'un pouvoir partagé entre plusieurs mains, il faut bien reconnaître que par la force des choses, par une loi en quelque sorte fatale, la direction suprême et générale des affaires appartiendra toujours en fait à une ou deux personnalités encombrantes. Me voilà donc, dans l'hypothèse socialiste, absolument à la merci, pour tout ce qui regarde le côté matériel de la vie, d'un ou deux individus. Et ainsi enchaîné, ainsi tenu par ce côté matériel de la vie, quelle garantie, je le demande, à moins que je ne sois un héros prêt à subir le martyre, me restera-t-il pour ma liberté morale?

Socialisme et esclavage sont deux mots synonymes, et je n'ai pas besoin d'autre argument pour démontrer la nécessité de la propriété privée.

L'humanité l'a toujours compris de la sorte, et je ne sache pas que l'histoire puisse fournir un seul exemple d'État organisé sur une base vraiment et complètement socialiste. La propriété s'est, pour ainsi dire, constituée d'elle-même sous la forme privée, et l'homme n'a fait en cela que suivre une sorte d'instinct, qu'obéir au cri de la nature.

La propriété privée ne constitue nullement une usurpation sur le droit supérieur de la collectivité. Si elle n'était, comme on a osé le prétendre, qu'une perpétuelle et criante injustice au détriment du genre humain, aurait-elle eu, dans la conscience universelle des peuples qui tous ont toujours flétri le vol, le plus sûr des remparts ? Dieu lui-même l'aurait-il expressément protégée par son décalogue où il lui réserve deux commandements spéciaux, l'un pour défendre qu'on y porte atteinte, l'autre pour défendre qu'on y porte envie ?

Comment donc ce droit de propriété, si clairement écrit dans la conscience, si bien d'accord avec le cri de la nature, si universellement reconnu par toutes les nations, a-t-il pu subir de nos jours une telle éclipse dans l'esprit populaire ? Comment se peut-il faire qu'il soit à la veille de disparaître dans la formidable et triomphante explosion de ce socialisme qui va devenir tout-à-l'heure, que disje ? qui est déjà la grande, la principale préoccupation des hommes d'État dignes de ce nom ? Il va sans dire que je ne parle pas ici de nos ministres français ; leur cécité en pareille matière ne se démontre plus. Oui, comment se fait-il que la propriété soit menacée, elle aussi, comme tant d'autres choses respectables, d'une ruine prochaine ? Il y a là l'accomplissement d'une loi providentielle aussi terrible que juste, en vertu de laquelle tous les crimes publics doivent recevoir des châtiments publics. Or, notre société moderne n'a-t-elle pas publiquement péché contre Dieu ? Sans doute, il y a eu dans tous les temps des impies ; mais y a-t-il eu jamais un peuple faisant publiquement, comme le nôtre, profession d'athéisme ? Jamais nation a-t-elle tenté, comme nous, de se constituer en dehors de Dieu ? Nous avons chassé la divinité de nos lois, ne voulant relever que de nous-mêmes. Une telle offense au grand Dieu de qui relèvent les empires, n'appelle-t-elle pas une vengeance éclatante ? Les socialistes, ces instruments aveugles, quoique coupables, de la Providence qui fait concourir à ses desseins les crimes mêmes des méchants, sont là, tout prêts ; Dieu n'a qu'à faire un signe, et ils se rueront comme des bêtes fauves sur cette société vermoulue, si lamentablement malheureuse malgré ses richesses, si sottement orgueilleuse malgré la profondeur de sa misère intellectuelle, et enfin avilie au point de n'avoir même pas conscience du danger qui la menace, bien que ce danger touche à ce qu'elle a de plus cher, au veau d'or, son unique Dieu.

Mais étudions de plus près la genèse du socialisme.

Il y a longtemps que la sagesse divine a fait entendre aux hommes cet oracle : *Nisi Dominus ædificaverit domum in vanum laboraverunt qui ædificant eam.* — « Si le Seigneur n'élève lui-même la maison, vain est le travail de ceux qui l'édifient ». — Cette parole du Roi-Prophète jette un jour singulier sur la question sociale.

Dans une société qui fait tout reposer sur l'homme et qui met systématiquement Dieu à l'écart, le droit de propriété ne peut plus être considéré que comme une concession de la collectivité aux individus. Il n'a donc, comme tous les autres droits, de raison d'être que dans le consentement de la multitude. Que ce consentement vienne à faire défaut, qu'égarée par je ne sais quels sophistes, la foule vienne à s'imaginer qu'une organisation collective de la propriété mettra fin à toute misère, et la propriété sera immédiatement menacée. C'est ce qui se passe sous nos yeux, et le triomphe imminent du socialisme sera le châtiment de ceux qui n'ont pas voulu comprendre que l'ordre, même matériel, ne peut être maintenu que par la reconnaissance d'un principe supérieur à l'homme.

Ce n'est pas en vain qu'on a parlé au peuple de sa toute-puissance et de sa souveraineté ; ce n'est pas en vain qu'on lui a dit que la justice résidait en lui d'une manière immanente, et que sa volonté suprême était la suprême loi à laquelle tout devait se ranger. Bien qu'il ne soit, à vrai dire, qu'un grand enfant et que, comme tous les enfants, il soit incapable d'un raisonnement bien sérieux, néanmoins il n'est pas assez dépourvu de logique pour ne pas entrevoir, ne fût-ce que vaguement, certaines conséquences des principes dont on le nourrit, surtout quand elles flattent ses intérêts, ses appétits et ses rancunes.

Vous voulez qu'il respecte le droit de propriété ; commencez donc par lui persuader que ce droit puise sa source ailleurs que dans l'homme ; commencez par lui montrer, au-dessus de vos lois, Dieu qui les inspire, qui fait leur force et qui doit les venger. Mais si vous chassez Dieu de l'âme du peuple, et que vous fassiez le vide dans le ciel, le peuple, se sentant alors le véritable maître et l'unique source de toute loi, ne respectera que ce qu'il voudra bien respecter, et comme rien en conscience ne pourra l'obliger à s'incliner devant la propriété, il ne croira commettre aucune injustice en essayant de faire triompher, soit par la voie législative, soit même par la force, les doctrines socialistes. Il n'y aura pas à raisonner avec lui ; il n'y aura pas à lui démontrer que, quand bien même ce rêve insensé d'une organisation socialiste pourrait devenir une réalité, il n'en résulterait, pour l'humanité, que la pire des oppressions et la plus affreuse des misères. Il n'entendra rien ou ne voudra rien entendre à toutes vos raisons. Privé désormais de l'espoir du ciel, il voudra à tout prix trouver le bonheur sur la terre, et comme ce bonheur ne lui apparaîtra nécessairement que trop lointain et trop incertain s'il doit être le résultat du travail, il sera fatalement amené, pour le posséder immédiatement, à désirer le bouleversement de la Société.

Vous avez en quelque sorte socialisé la souveraineté

en la faisant résider essentiellement dans le peuple. Est-ce qu'une déduction inflexible ne conduit pas fatalement de la socialisation de la souveraineté à celle de la richesse ?

Le principe d'athéisme qui est au fond de nos lois, suffirait seul à engendrer le socialisme, quand bien même il ne s'y joindrait pas d'autre causes. Mais les idéologues auteurs de notre législation moderne ont accumulé comme à plaisir toutes les fautes. Dans leur folle haine du passé, ils ont voulu bâtir un édifice social entièrement nouveau. Aussi ont-ils fait table rase de toutes ces vieilles institutions qui avaient procuré à la France de longs siècles de paix sociale. Je veux parler de ces antiques corporations ouvrières, qui avaient grandi à l'ombre de l'Église, qui réunissaient, dans un même lien, patrons et ouvriers, et que la Révolution a brisées.

La Révolution est partie de ce principe absurde, que la multitude étant tout et se composant essentiellement d'unités, il ne devait rien y avoir entre ces unités et cette multitude ou l'État qui la personnifie. Ainsi, d'un côté, l'État tout-puissant, et de l'autre, l'individu isolé, ne comptant absolument que comme unité du nombre qui constitue l'État, tel est l'idéal social de la Révolution. Il devait en résulter la suppression du droit d'association. Il ne fallait pas que l'individu pût trouver dans l'association une force capable de faire échec à l'État, c'est-à-dire à la multitude.

En même temps que la Révolution supprimait le droit d'association, elle proclamait la liberté illimitée du travail et de l'industrie. Elle faisait sienne, cette loi trop fameuse de l'offre et de la demande, qui assimile le travail à une marchandise, oubliant que, partout où apparaît l'homme, apparaît en même temps un élément moral dont il faut nécessairement tenir compte.

L'application de semblables théories devait fatalement amener un grand trouble dans l'ordre économique, et c'est ce qui s'est produit.

L'ouvrier s'est trouvé isolé. Il a dû subir, comme une simple marchandise, toutes les fluctuations du marché, son lendemain n'a plus été assuré. La fièvre de la concurrence, en même temps que, d'un côté, elle produisait des fortunes scandaleuses, de l'autre, enfantait des ruines lamentables, occasionnait de terribles chômages et faisait subir aux salaires de brusques variations. Enfin, il faut bien le dire, l'égoïsme ayant, à la suite de l'athéisme, envahi toutes les âmes, si d'une part l'ouvrier manquait de résignation et jetait trop souvent des regards de haine et d'envie sur le patron, d'autre part le patron, trop souvent aussi, manquait aux devoirs de protection matérielle et morale que lui imposait, vis-à-vis de ses inférieurs, son rang plus élevé dans la hiérarchie sociale.

Toutes ces causes diverses ont concouru à produire cet antagonisme des classes que nous déplorons aujourd'hui, et qui, demain, se traduira par la guerre sociale.

Mais la Révolution avait vainement supprimé le droit d'association. L'association est tellement le besoin naturel de l'homme qu'en dépit de toutes les entraves de la loi, elle a bien fini par faire sa réapparition dans nos mœurs. Seulement, au lieu de l'association chrétienne qui marchait au grand jour, et qui englobait à la fois patrons et ouvriers, nous avons eu l'association impie, se cachant dans l'ombre, et n'ayant qu'un but, la guerre. Diviser les classes au lieu de les rapprocher, creuser encore davantage l'abîme déjà si profond qui les sépare, tel a été, et tel sera toujours l'inévitable résultat de l'association d'où l'esprit chrétien est absent.

Niera-t-on la question sociale ?

Quelque envie que l'on ait de ne pas en reconnaître la réalité, il se produit pourtant quelquefois des menaces si terribles d'explosion populaire que les habiles de la Révolution, ceux qui veulent bien se passer de Dieu, mais non pas de pouvoir ni d'argent, se croient obligés de faire semblant de faire quelque chose.

Alors, on discute à perte de vue ; on fait de beaux discours, et, après avoir dépensé beaucoup d'éloquence, à quel parti s'arrête-t-on ? On nomme une commission chargée d'étudier la question sociale, c'est-à-dire de l'enterrer.

D'ailleurs, le préjugé révolutionnaire est si tenace, la haine de Dieu si profonde, la crainte d'être précipité du pouvoir si vive, que si quelque fâcheux appuie trop fortement le doigt sur la plaie et révèle trop clairement l'origine du mal, on fait la sourde oreille, on ne l'entend pas, on ne veut pas l'entendre. Que s'il a la naïveté de demander à l'État révolutionnaire la moindre bienveillance pour les syndicats mixtes, c'est-à-dire pour ceux qui réuniraient dans le même faisceau, patrons et ouvriers, et opéreraient ainsi, entre ces deux classes rivales, un rapprochement si nécessaire ; alors, on n'a pas assez d'anathèmes pour ce rétrograde qui veut nous ramener au passé. La peste de l'importun ! Tout n'est-il pas pour le mieux dans la meilleure des républiques, et M. Ferry étant premier ministre, que peut-il manquer au bonheur de la France ?

En attendant, la question sociale continue à se poser aussi pressante que jamais. Tous ceux qui ne refusent pas de voir clair, sentent venir le cataclysme ; il apparaît déjà presque inévitable. Hélas ! Il est douteux qu'un pouvoir chrétien et fort pût le conjurer ; comment l'empêchera-t-on d'éclater, si l'on garde cette république impie et bête qui déshonore la France, ou si on la remplace par je ne sais quel gouvernement bâtard qui, sans faire la guerre à Dieu, n'osera cependant pas se prononcer trop ouvertement pour lui de crainte, sans doute, de mécontenter Satan? Faut-il donc croire que la Révolution qui a commencé par la plus terrible catastrophe dont l'histoire humaine fasse mention, ne pourra se terminer que par une catastrophe peut-être plus terrible encore? Qui sondera les desseins de la Providence? Qui pourra dire qu'il n'entre pas dans ses vues de châtier par cette tempête épouvantable, dont mille grondements précurseurs semblent annoncer le déchaînement prochain, cette société pourrie, cette Europe sceptique et incrédule, qui s'est livrée corps et âme à la Révolution? Je dis cette Europe, car le problème ne se pose pas seulement en France, il se pose dans l'Europe entière. Il est vrai que, né en France, c'est de la France, principalement, que dépend sa solution. Le vieux monde chrétien n'évitera la crise que si la France, elle-même l'évite.

Français! Ce n'est pas seulement le destin de votre patrie qui est entre vos mains, c'est celui de toute la chrétienté. Que cette pensée agrandisse vos âmes, s'il est possible, et leur inspire des résolutions dignes d'une aussi vaste cause!

CHAPITRE V

Physionomie de l'école radicale.

J'ai essayé, dans les deux chapitres précédents, de donner une idée générale de l'école socialiste. Il me reste, pour achever de peindre la Révolution, à l'étudier dans ses deux autres écoles, l'école radicale et l'école libérale.

Je commence par l'école radicale, à laquelle il suffira de consacrer quelques mots.

Je dis qu'en général l'école radicale admet toutes les théories de l'école socialiste, moins celles qui regardent la propriété. Elle a la même haine féroce de Dieu ; fait, comme l'école socialiste, reposer la société sur l'homme seul ; affirme, comme elle, la souveraineté du peuple ; regarde, comme elle, le pouvoir comme le simple mandataire du peuple à la volonté duquel il doit toujours se conformer ; enfin, comme elle, considère la famille comme une institution ne relevant que de la loi civile ; se montre donc très favorable au divorce, et n'hésite nullement à dépouiller la famille du rôle qui lui revient naturellement dans l'éducation des enfants pour le transférer tout entier à l'Etat. Ce n'est que sur la question de la propriété que l'école radicale commence à se séparer véritablement de l'école socialiste. Mais cette divergence, on ne peut guère l'expliquer par aucune raison tirée de la logique, car la logique est évidemment du côté des socialistes ; elle ne paraît donc motivée que par une pure question d'intérêt personnel.

L'école radicale se fractionne elle-même en plusieurs branches. Elle compred notamment les opportunistes et les radicaux proprement dits. Mais il est manifeste pour quiconque se donne la peine d'examiner les choses que radicaux et opportunistes ne sont en réalité séparés que par des nuances et qu'au fond, ils sont d'accord. Il n'y a guère d'autre différence entre eux, si ce n'est que les uns veulent des résultats immédiats tandis que les autres croient plus habile d'avancer à pas lents et en quelque sorte point par point.

Mais, si je dois dire ici toute ma pensée, je n'hésite pas à considérer les opportunistes comme de véritables sceptiques, ne croyant nullement, en dépit de toutes leurs belles professions de foi, au dogme de la souveraineté du peuple, et n'ayant guère qu'un but, la confisquer à leur profit, tout en laissant croire au peuple qu'il est toujours souverain. J'ajoute que les opportunistes semblent avoir comme un vague instinct que, du jour où le programme révolutionnaire sera complètement réalisé, moins l'organisation collective de la propriété, il faudra bien en venir à ce dernier point : ce qui pour eux serait le dernier des malheurs, étant eux-mêmes pour la plupart de gros propriétaires. Voilà pourquoi ils ne procèdent qu'avec une certaine lenteur, pour retarder le plus possible cet instant fatal.

Les radicaux proprement dits semblent plus aveugles; on dirait qu'ils ne voient pas que, du jour où il n'y aura plus à accorder au peuple que la destruction de la propriété, il sera bien difficile de lui refuser ce dernier sacrifice.

Pourtant, l'avouerai-je, je ne les crois pas plus sincères

que les opportunistes, et, si j'osais rappeler un mot célèbre, je dirais : « les opportunistes sont des radicaux arrivés, et les radicaux, des opportunistes en route. » C'est une question de portefeuille plutôt qu'une question de politique qui sépare M. Clémenceau de M. Ferry. Que M. Clémenceau devienne premier ministre, et bien des réformes dont la réalisation immédiate lui paraît aujourd'hui si nécessaire, lui sembleraient alors sans aucun inconvénient susceptibles d'ajournement. J'ai donc raison de dire qu'au fond opportunistes et radicaux se ressemblent absolument.

Le caractère qui leur est principalement commun avec les socialistes, c'est la haine de Dieu ; aussi les voit-on faire à l'Eglise une guerre acharnée, et ne pas dissimuler leur dessein bien arrêté de l'anéantir.

Quand Louis XIV prononçait cette parole fameuse qu'on a tant blâmée et qu'on a si peu comprise : « L'Etat, c'est moi, » il voulait dire sans doute que dans l'Etat, le véritable souverain, c'était lui ; mais il n'entendait pas dire que sa propre volonté fût à elle-même sa règle. Il se croyait, au contraire, obligé de se conformer, dans le gouvernement de ses peuples, à la volonté divine, c'est-à-dire à une loi supérieure de justice, absolument indépendante de lui. La nation était donc protégée contre tout acte arbitraire de Louis XIV par cette seule croyance au Dieu juste et bon que le Roi professait comme elle.

Mais que M. Ferry, qui ne croit pas en Dieu, vienne nous dire : l'Etat, c'est moi ! quelle garantie pourrons-nous avoir contre les caprices de sa volonté ? Et de fait, un jour à la tribune, alors qu'on traitait des droits de l'Etat en matière d'enseignement et qu'on lui demandait quel était donc cet Etat qu'il appelait sans cesse à son secours, ne s'est-il pas écrié : « Mais, Messieurs, en matière d'enseignement, l'Etat, c'est un peu moi ! »

Belle garantie, ma foi, pour la formation intellectuelle et morale de nos enfants que le scepticisme hypocrite de ce tartufe !

M. Ferry, qui ne croit pas en Dieu, doit par là-même haïr forcément l'Eglise qui, par cela seul qu'elle confesse Dieu, nie implicitement cette toute-puissance que M. Ferry revendique pour l'Etat, et pour lui-même par contre-coup.

Il me vient en ce moment à la pensée que les gens qui font la guerre à l'Eglise au nom de la liberté, n'agissent en réalité que par haine de la liberté. S'ils parvenaient réellement à détruire le règne de Dieu, ils se flattent qu'alors c'en serait fait de la conscience humaine, et que les dictateurs futurs n'auraient plus devant eux que des générations avilies, toutes prêtes pour la servitude.

Mais nous l'avons déjà dit, c'est une loi fatale, et par là-même providentielle, qu'on ne fait pas impunément la guerre à Dieu. Le jour même où nos radicaux croiront avoir assez chassé Dieu pour asseoir définitivement leur domination, sera celui de leur chute. Jamais ils n'auront été plus près de leur ruine que lorsqu'ils triompheront complètement. C'est en vain que pour apaiser les colères du peuple, ils lui jetteront en pâture, et pour ainsi dire lambeau par lambeau, Dieu et l'Eglise. La bête populaire dont la Révolution a aiguisé l'appétit est insatiable. Elle réclamera sans cesse de nouvelles proies, et quand elle aura tout dévoré, à l'exception de la propriété, il faudra bien qu'elle dévore aussi ce dernier débris du vieil ordre social. Alors viendra la crise suprême dont j'ai déjà parlé et qui sera le châtiment de notre société impie.

Les croyants, car il en restera encore, en dépit de toutes les persécutions dirigées contre eux, les croyants qui verront ces jours néfastes, ces jours prochains peut-être, frémiront d'épouvante ; mais ils ne pourront s'empêcher de reconnaître, dans un sentiment de muette adoration, que c'est la vengeance de Dieu qui passe !

CHAPITRE VI

Que le libéralisme contient en germe toute la Révolution.

Grande vérité qui, pour moi, a toute la clarté de l'évidence et dont je m'étonne même qu'il soit encore nécessaire de faire la démonstration. Mais ne sait-on pas que certains esprits se cramponnent à l'erreur avec une telle obstination, que rien ne les en peut détacher ni l'inflexible logique, ni les sévères leçons de l'expérience ?

Cependant, c'est aussi devant la logique et devant l'expérience qu'à mon tour je vais, après tant d'autres, faire comparaître le libéralisme. Puis-je me flatter d'être plus heureux que mes devanciers, et de réussir, moi ignorant et obscur, où a échoué jusqu'à ce jour la triple autorité du nom, de la science et du talent ? J'apporterai du moins mon faible concours à ce généreux mouvement qui, dans certaines régions élevées du monde intellectuel, commence à se manifester contre la Révolution, et qui nous sauvera s'il se généralise. Et il dépend presque des seuls libéraux qu'il en soit ainsi. En effet, ne forment-ils pas la partie la meilleure et la plus honnête de la Révolution ? Peut-on, en général, élever le moindre doute sur la pureté de leurs intentions ? Et qui me démentira si j'avance que leur probité constitue à elle seule presque toute la force de la Révolution, à cause précisément de ce masque trompeur qu'elle jette sur les traits hideux de cette mégère? J'en conclus donc que c'est en grande partie d'après leur attitude que l'on pourra, autant du moins qu'il est permis à l'esprit de l'homme de faire des conjectures, juger des desseins de la Providence sur la France et sur le monde. S'ils ouvrent enfin les yeux, si ce mouvement intellectuel contre la Révolution que je viens de signaler, parvient à les gagner aussi, nous pourrons espérer sans trop de témérité que le Ciel a laissé tomber sur nous un regard de miséricorde. Mais s'ils s'obstinent dans leurs préjugés, s'ils ne veulent pas voir que contre le danger de l'universelle négation qui est le fond de la Révolution, il n'y a de salut que dans l'universelle affirmation qui est le fond du catholicisme, alors il ne faudra plus compter sur l'avenir, et nous devrons conclure avec une tristesse résignée qu'aux yeux de l'éternelle justice, nos crimes sont irrémissibles et appellent à tout prix l'expiation.

Qui mettra la main sur le libéralisme et parviendra à le saisir? Il renouvelle sous nos yeux la fable du Protée antique et prend tour à tour toutes les formes. L'accuserez-vous d'impiété? Il vous répondra que nul plus que lui n'est respectueux de la religion. Lui reprocherez-vous, au contraire, de trop servir les intérêts du cléricalisme, pour employer le mot barbare à l'aide duquel la Révolution désigne la doctrine catholique? nul plus que lui, vous dira-t-il, n'est dévoué aux immortels principes de 1789.

Il n'est point ennemi de l'ordre ; il prétend même le servir plus utilement que personne. Mais il ne manque pas non plus d'une certaine tendresse sècrète pour l'émeute.

Il se flatte qu'ayant un pied dans tous les camps, tous

les camps le regarderont comme ami, et qu'il sera ainsi le trait d'union destiné à opérer la réconciliation finale. Mais à force de vouloir contenter tout le monde, je crains bien qu'il ne mécontente tout le monde.

Il aime à s'envelopper d'une certaine obscurité. Le plein jour et la nuit sombre lui sont également odieux. Il leur préfère ces clartés douteuses du crépuscule, à la pâle lueur desquelles les objets n'apparaissent qu'avec des contours vagues et indécis. Ne le pressez pas trop; il vous refusera toujours une définition nette et catégorique de lui-même. Il se perdra dans une foule de subtilités et de détours qui ne vous permettront pas, du moins il l'espère, d'entrevoir clairement le fond de sa pensée. Sans doute, le libéralisme n'aime pas les bourreaux; mais les victimes, dira-t-il, n'avaient-elles pas des torts? Atténuer toujours l'éloge par le blâme, et le blâme par l'éloge, telle est sa tactique constante. Ne faut-il pas être impartial? Arrière donc ces esprits entiers et absolus qui ne savent rien concéder et qui font de la vérité je ne sais quelle règle inflexible, incapable de s'accommoder aux temps et de se plier aux circonstances!

Mais enfin, direz-vous au libéralisme, quelle est donc votre doctrine? Quels sont donc vos principes?

Comment répondra-t-il à cette question précise sans sortir de cette lueur flottante et indécise dans laquelle il se complaît, sans cesser en un mot d'être lui-même.

Cependant, malgré toutes les finesses et toutes les subtilités à travers lesquelles il essaye d'échapper aux regards trop curieux, il est un principe, je crois, qui est comme le fond de sa nature, qui constitue en quelque sorte son essence, et sur lequel, lui qui transige sur tout, il refuse obstinément de transiger. C'est le principe de l'indifférence publique, officielle, en matière de doctrine : l'État n'a pas et ne doit pas avoir de doctrine. Il ne doit être ni croyant ni impie, ni admettre Dieu ni le rejeter. Le libéralisme ne veut pas de l'athéisme d'État, mais, il le dit hautement, il ne veut pas, non plus, d'une religion d'État.

L'État ne doit-il pas à tous une égale protection ? Or, les citoyens dont il se compose n'étant pas eux-mêmes d'accord sur les questions fondamentales de la vie, peut-il, sans méconnaître ce qu'il doit aux uns, embrasser l'opinion des autres ? Se déclarer athée serait porter atteinte à la liberté des croyants, de même que se déclarer croyant serait porter atteinte à celle des athées. D'ailleurs, les sociétés humaines sont circonscrites dans les limites du temps ; elles vivent, naissent et meurent sur la terre. S'il est une autre vie au delà du tombeau, elle n'est que pour les individus, elle n'est pas pour les peuples. L'Éternité ne connaît pas les nationalités. Laissons donc aux individus seuls le soin des questions éternelles, et n'embarrassons pas la société civile d'un souci étranger à sa fin. Enfin, si l'État opprime aujourd'hui les uns au nom de la religion, n'opprimera-t-il pas demain les autres au nom de la libre pensée ? Quelle opinion peut se flatter de s'éterniser au pouvoir ? Ne sait-on plus combien la fortune est changeante et qu'elle prodigue tour à tour à tous les partis ses faveurs capricieuses ? Dans l'intérêt supérieur de la paix, et pour échapper aux inévitables représailles, maintenons-nous donc sur le large terrain de la liberté pour tous.

Telle est, condensée en quelques mots, la thèse du libéralisme, et tels sont les principaux arguments sur lesquels elle s'appuie.

Tout d'abord, je remarquerai que cette thèse a bien le caractère d'une thèse absolue. Il ne s'agit pas seulement là de ce que peut exiger la difficulté des temps. A ce point de vue, nous pourrions être d'accord. S'il s'agissait uniquement de convenir que l'époque présente réclame la tolérance, nous ne ferions nulle difficulté de le faire. Nous n'avons même jamais eu la pensée de ramener les dissidents par la force.

Pour ne parler que des protestants, et à vrai dire, ne sont-ils pas seuls en cause ? Car, en ce qui concerne les juifs, la règle constante de l'Église n'a-t-elle pas été de leur laisser la liberté? Pour ne parler que des protestants, dis-je, qui de nous a jamais émis la prétention de les contraindre à embrasser le catholicisme? Ils sont établis en France depuis longtemps ; nous considérons qu'il y a là pour eux une sorte de droit acquis. Il ne s'agit pas, sans doute, d'un droit absolu. Le protestantisme étant regardé par nous comme une erreur, pouvons-nous, sans lui enlever ce caractère d'erreur, lui reconnaître un droit absolu? L'erreur n'est-elle pas une forme du mal, le mal de l'intelligence, et ces deux mots, le mal et le droit, ne jurent-ils pas d'être accouplés ensemble? Il ne s'agit donc pas de reconnaître au protestantisme un droit absolu, un droit en quelque sorte divin. Non; mais nous ne faisons nulle difficulté de reconnaître que les protestants actuels, ayant eu l'immense malheur de naître dans l'erreur, ne peuvent pas être assimiliés à ceux qui, les premiers et volontairement, se sont séparés du catholicisme ; qu'il y a pour eux dans cette situation d'avoir reçu l'erreur en même temps que la vie une excuse qui, pour un grand nombre d'entre eux, nous n'hésitons pas à le déclarer, pèsera d'un immense poids dans la balance divine. Ils sont en quelque façon replacés dans la situation des peuples qui n'ont jamais connu le catholicisme et à l'égard desquels c'est une règle invariable de l'Église catholique que la persuasion seule doit leur ouvrir les portes de la foi. Nous leur reconnaissons donc volontiers une sorte de droit humain, quelque chose comme un droit historique, et nous ne demandons à leur égard qu'une chose, les ramener à l'unité par la liberté.

Mais ce n'est pas ainsi que l'entend la thèse libérale. Elle veut nous faire prendre une espèce d'engagement absolu, applicable à tous les temps, à tous les lieux, à toutes les erreurs, dont la première conséquence serait que, si nous avions l'immense bonheur de revenir à l'unité par la liberté, nous n'aurions le droit de prendre aucune précaution pour maintenir cette unité si précieuse et si difficilement reconquise. Une autre conséquence de la thèse libérale serait d'aller, même aujourd'hui, bien au delà de ce que peut réclamer la difficulté des temps, et de livrer la religion catholique, et non seulement la religion catholique, mais le christianisme lui-même dans ce qu'il a de plus général, et non seulement le christianisme, mais l'idée même de Dieu, à toutes les attaques, à toutes les injures, à tous les outrages, à tous les blasphèmes, sans que jamais la puissance séculière pût intervenir pour mettre à la raison des misérables que je ne craindrai pas d'appeler les forbans de la pensée, et dont le but véritable n'est pas d'arriver à la vérité par une sérieuse et sincère discussion, mais d'anéantir dans l'esprit humain tout sentiment élevé, mais d'éteindre dans la conscience le flambeau du juste et de l'honnête, mais, pour le dire enfin, de parvenir par le scandale, à une fortune rapide : véritables suppôts de l'enfer, auxquels, je le crierai hautement, une société qui se respecte ne doit que le bagne et le bâton !

Or, je le demande, pouvons-nous accepter cette thèse absolue ? Évidemment non.

On nous dit : Mais ne donnez-vous pas à vos adversaires le droit de vous faire ce reproche : « Quand nous, partisans des principes de 1789, nous sommes au pouvoir, vous nous demandez la liberté au nom de nos principes ; mais quand c'est vous qui êtes au pouvoir, vous nous la refusez au nom des vôtres ».

Avant de répondre à ce reproche, ne serais-je pas en droit de faire à ceux qui nous l'adressent cette simple question : « Quand, vous, partisans des principes de 1789, vous êtes dans l'opposition, vous nous demandez la liberté au nom de vos principes ; mais quand vous êtes au pouvoir, pourriez-vous nous dire en vertu de quels principes vous nous la refusez ? »

Je pourrais me contenter pour toute réponse de cette seule question ; mais je ne veux pas m'en tenir là et j'ajouterai ceci :

Quand nous sommes dans l'opposition, ce n'est pas en vertu de vos principes, à vous, révolutionnaires, que nous vous demandons la liberté ; nous vous la demandons parce qu'elle est notre droit, et elle est notre droit parce que nous sommes la vérité, et que la vérité ne doit pas être captive. Voilà ce que nous vous disons, et nous ne nous abaissons pas, pour échapper à vos coups, jusqu'à faire nôtres vos misérables principes de 1789, qui ne sont au fond que la négation formelle de notre foi. Le Dieu jaloux que nous adorons, exige de nous une attitude plus fière ; et s'il en est parmi nous qui oublient que la vérité est une reine et non pas une mendiante, nous les renions, ils ne sont pas des nôtres ; ils n'ont pas notre esprit ; ils n'ont pas le noble et indomptable orgueil qui convient aux enfants de Dieu.

Pour ce qui est de refuser la liberté à nos adversaires au nom de nos principes quand nous sommes les maîtres, il faudrait un peu nous entendre. N'ai je pas dit tout à l'heure quelle était notre règle de conduite à l'égard de ceux que nous trouvions dans l'erreur avant notre arrivée au pouvoir ? Encore une fois, je le répète, nous n'avons pas à l'égard des dissidents d'autre prétention que de les ramener à l'unité par la liberté. Mais de ce que nous leur laissons la liberté, il ne s'ensuit nullement que nous renoncions à faire des lois catholiques. Nous imitons à leur égard la conduite du père de famille qui a plusieurs enfants dont tous sont restés chrétiens, à l'exception d'un seul. Il fait entendre à celui-ci de bonnes et affectueuses paroles ; il le plaint ; il est plein pour lui de mansuétude et de compassion. Mais le reste de la famille n'en demeure pas moins fermement attaché aux pratiques de la foi, et sans obliger le fils égaré à y prendre part, on fait en commun la prière du matin et du soir ; on obéit à toutes les lois de l'Église ; la charité va bien jusqu'à le tolérer, mais non pas jusqu'à rougir de Dieu pour lui.

On nous dira : mais quoi ! vous n'avez donc pas confiance dans la puissance de la vérité, puisque vous jugez nécessaire d'appeler à son secours le pouvoir séculier ? Votre foi est donc chancelante ?

Notre foi n'est nullement chancelante, et nous sommes si convaincus qu'elle est la vérité que nous revendiquons pour elle le seul rang qui lui convienne, celui d'une reine.

Nous savons que, quoi qu'il arrive, l'Église ne périra pas. Nous savons qu'elle a déjà vécu dans les catacombes, et qu'elle y pourra vivre encore. Le bras de Dieu n'est pas raccourci, et s'il nous faut subir à nouveau les persécutions sanglantes, la grâce divine saura nous donner les mêmes forces qu'aux saints martyrs qui affrontèrent jadis la fureur des païens.

Nous ne doutons point de la promesse divine. Mais nous savons que, pour ne pas la faire mentir, il suffit

3.

qu'il y ait dans tous les temps des chrétiens. Or, nous désirons vivement que la foi soit l'apanage, non pas seulement de quelques âmes privilégiées, comme il arrive dans les temps de persécutions sanglantes ou de scepticisme universel, mais du plus grand nombre, de tous même, s'il est possible. Voilà pourquoi nous jugeons l'appui du pouvoir séculier bon et utile.

C'est une loi, d'ailleurs, de la Providence, de n'intervenir miraculeusement pour protéger la vérité que quand les moyens naturels et ordinaires font défaut. Or, un de ces moyens naturels et ordinaires de protéger la vérité, n'est-il pas précisément cette intervention du pouvoir contre laquelle on proteste avec si peu de raison ?

On parle beaucoup de la puissance de la discussion. On ajoute bêtement, qu'on me pardonne l'expression, elle rend seule ma pensée, que de la discussion jaillit la lumière. Je prétends, au contraire, qu'en général la discussion n'éclaire pas les questions, mais les obscurcit. C'est là une vérité d'expérience que nul homme, s'il a quelque peu pratiqué les hommes, ne pourra démentir.

Je suppose que j'ai affaire, dans la question du libéralisme, à des adversaires chrétiens. S'il en est qui ne le soient pas, cette discussion n'est pas leur affaire et je n'ai pas à m'occuper d'eux. Mais si mes adversaires sont chrétiens, ne doivent-ils pas admettre : 1° Le péché originel ; 2° la nécessité de la révélation ?

S'ils admettent le péché originel, ne savent-ils pas que la nature humaine a été blessée, que sans être absolument rebelle au bien, elle a pour le mal je ne sais quelle secrète complaisance, tandis que le triomphe du bien n'est jamais chez elle que le prix d'énergiques et constants efforts ? Qu'arrivera-t-il donc du règne de la vérité dans la plupart des âmes avec le système de la discussion illimitée, étant donnée cette prédilection pour le mal qui est la suite du péché originel ?

Enfin, si mes adversaires admettent la nécessité de la Révélation, faut-il leur rappeler que la Révélation est nécessaire non pas seulement parce que la fin de l'homme étant surnaturelle, la Providence a dû pourvoir à cette fin par des moyens également surnaturels, mais encore à cause de la faiblesse de l'esprit humain, qui, en général, ne peut par lui-même arriver que très difficilement, même à la connaissance des vérités naturelles, telles que l'existence de Dieu, l'immortalité de l'âme ? Deux choses ne manquent-elles pas et ne manqueront-elles pas toujours à la plupart des hommes pour arriver à la vérité par le seul secours du raisonnement : le temps, la science ? Voilà pourquoi une autorité enseignante est nécessaire sur la terre, et pourquoi la Providence, dont la bonté répond toujours aux besoins des hommes, a établi la sainte Eglise catholique. Grâce à cette autorité enseignante par excellence, la vérité divine, la vérité du salut, la seule nécessaire, la seule indispensable, est à la portée des faibles et des petits. Les grands génies peuvent pénétrer dans les profondeurs du dogme catholique, admirer ses sublimes harmonies, saisir toute la force des arguments irrésistibles qui le démontrent ; mais le laboureur, étranger à la métaphysique et à la science, le laboureur obscur qui n'a point fouillé les annales des peuples, qui n'a point lu les œuvres des savants et des sages, et n'a point médité sur les fondements des sociétés humaines, reçoit de son curé la vérité. Le Dieu qu'il adore dans sa simplicité est le même qu'adorait saint Thomas d'Aquin dans son génie. Il sait que le modeste et doux vieillard qui lui a appris le catéchisme est le représentant de cette Eglise qu'il voit établie partout autour de lui.

Jamais l'enseignement chrétien n'a subi devant lui aucune contradiction. L'assentiment universel que la foi rencontre autour de lui suffit à sa raison naïve, et lui tient lieu de tout argument. Il arrive de la sorte au terme de sa carrière, pour ainsi dire porté par le flot de la croyance publique, et s'endort confiant dans les bras de ce Jésus qui n'est resté surtout son Dieu que parce qu'il était celui de ses pères et de ses contemporains.

Le tableau que je viens d'esquisser était jadis celui qu'offrait chaque paysan de France. Hélas! pourquoi n'est-il plus maintenant qu'une exception trop rare? Libéraux, c'est à vous de répondre. C'est vous que j'ose accuser ici. C'est votre système ridicule et absurde de discussion sans frein que je rends responsable du naufrage de tant d'âmes à jamais perdues. Je vous reproche d'avoir en quelque sorte détruit pour le peuple l'immense bienfait de la Révélation.

A la place de ce laboureur chrétien dont j'évoquais tout à l'heure la poétique image, qu'a mis le libéralisme? Le paysan sans entrailles, sans foi, sans Dieu, uniquement préoccupé de bien vendre ses récoltes, et qui reste insensible à tous les attentats de la Révolution, pourvu que son champ soit épargné et que le prix de ses vaches ne baisse pas! Pareillement, à la place de l'ouvrier chrétien des vieilles corporations, de cet honnête et fier artisan qui faisait jadis la gloire des cités, comme le laboureur si simplement croyant faisait celle des campagnes, qu'a mis le libéralisme? L'ouvrier des faubourgs, dont le cœur déborde de haine, l'instrument aveugle de toutes les révolutions, le fanatique membre des sociétés secrètes, la stupide buse qui rit niaisement au nom seul de Dieu, et pour tout dire en un mot, la bête éléctorale qui vote pour Naquet, Floquet, Barodet, Bilboquet et Baudet!

En vérité, les générations sans foi qui grandissent sous nos yeux, tout un grand peuple plongé dans le plus abject matérialisme, les menaces de plus en plus terribles de la tourbe socialiste, les attentats chaque jour plus nombreux des anarchistes et des nihilistes, tout cela ne finira-t-il par ouvrir les yeux à nos libéraux, ou ne seront-ils désabusés que lorsqu'ils auront assisté aux catastrophes suprêmes, et que, mourants eux-mêmes, ils auront, pour ainsi dire, contemplé de leur dernier regard la ruine de la patrie ?

Les sociétés humaines, étant circonscrites dans le temps, n'ont pas, dit-on, en tant que sociétés, à se préoccuper des questions éternelles. Voilà un principe, répondrai-je, que la saine philosophie ne pourra jamais admettre.

Quoi ! l'homme a sa fin dans l'éternité ; son devoir unique est de tendre à l'éternité ; c'est seulement en vue de cette fin suprême, qui est, après tout, la conclusion de son gouvernement, que Dieu a créé l'homme ; et l'on veut que le pouvoir civil, qui a pour mission d'assurer l'ordre matériel ici-bas, c'est-à-dire tant que dure le voyage qui aboutit à l'éternité, ne se préoccupe pas du terme de ce voyage, et régisse l'ordre temporel non pas en vue de cette fin éternelle, mais comme si la mort était le dernier mot des choses humaines ! En vérité, quel usage fait-on de la raison ?

Non seulement l'ordre temporel doit être régi en vue de la fin éternelle; mais j'ajoute que s'il oublie ce terme suprême, s'il ne s'occupe pas de Dieu, lui-même compromet sa propre existence dont Dieu est l'unique fondement.

Voilà une société qui rougit de confesser publiquement Dieu, qui n'ose pas faire à Dieu la place qui lui appartient dans toute législation digne de ce nom, et cela par un respect bête pour la liberté de quelques poseurs ou de quelques gredins, qui se donnent le luxe d'être athées ! Mais je le demande alors, sur quelles bases cette société s'appuiera-t-elle ?

Je mets au défi le libéralisme de sortir de ce dilemme: ou la société confessera son origine divine, et reconnaîtra publiquement le grand Être de qui tout vient et dont la main toute-puissante soutient tout, et alors le libéralisme sera détruit du coup ; ou sans nier ce grand Dieu, cette société n'osera pas l'adorer publiquement, et alors ne proclamera-t-elle pas en quelque sorte implicitement qu'elle n'est elle-même qu'un fait humain, et ne repose donc absolument que sur l'homme?

Mais dans ce cas, quelle force aura-t-elle pour résister à ceux qui viendront lui soutenir que l'homme est l'unique pivot de la société, que sa volonté seule, manifestée par le suffrage universel, doit servir de règle; que la multitude est véritablement souveraine, qu'elle est l'unique source de tous les droits ; que le pouvoir n'est que son esclave, et qu'en tant qu'il est son organe, il est tout-puissant? De l'indifférence doctrinale de l'Etat découle, on le voit, l'omnipotence de l'Etat, et par une conséquence fatale et nécessaire, l'asservissement de la famille à l'Etat, la ruine de la religion que l'Etat ne peut plus considérer que comme une ennemie, et enfin l'ébranlement de la propriété elle-même, ce seul principe auquel paraissent tenir les sociétés sceptiques, et qui par cela seul qu'il ne s'appuiera plus sur Dieu et n'aura plus d'autre fondement que la volonté de la multitude, sera par là-même à la merci d'un caprice de cette multitude. C'est ainsi que le libéralisme mène logiquement au socialisme, et, comme je l'écrivais en tête de ce chapitre, contient en germe toute la Révolution.

On se flatte qu'en faisant au mal quelques concessions

on parviendra à l'enrayer, à le dominer. C'est une grave erreur surtout lorsqu'il s'agit, comme dans l'espèce, de concessions qui entament les principes. Les libéraux cependant devraient bien être payés pour le savoir.

Si la France traverse une phase aussi critique, si la liberté religieuse a subi chez elle de telles atteintes, si nos droits les plus sacrés sont à la merci d'un pouvoir sans vergogne, n'est-ce pas le libéralisme qui en est la première cause ? que ce soit malgré lui et à son insu, je le veux bien, mais enfin ce n'en est pas moins à lui, à son aveuglement, à ses préjugés que nous sommes en droit de faire remonter la responsabilité de la situation actuelle. La politique ne s'est-elle pas inspirée presque constamment de leur doctrine pendant tout le siècle ? Cela a-t-il empêché l'éclosion du socialisme ? Sans doute ils ont fait, notamment du temps de l'assemblée nationale, quelques bonnes lois, quelques lois presque franchement chrétiennes. Mais leurs intentions les plus droites et les plus pures n'ont-elles pas été toujours frappées d'une sorte de stérilité ? Il y avait toujours dans tout ce qu'ils entreprenaient quelque chose qui manquait : une confession plus franche des droits de Dieu, c'est-à-dire, ce lien, ce ciment divin qui seul aurait pu donner à leurs œuvres de la force et de la solidité. Par contre, il y avait toujours, même dans ce qu'ils acccomplissaient de bien, quelque chose qui en ternissait l'éclat, et c'était précisément cette fatale teinte du libéralisme. Ils n'ont pas osé, par crainte de l'autorité vraie, rétablir la monarchie, alors que le pays tout entier attendait d'eux cette restauration salutaire, et que les républicains eux-mêmes y étaient résignés; ils ont préféré louvoyer, faire les habiles, jouer en quelque sorte avec la Révolution. Mais celle-ci, qu'ils se flattaient de contenir en la caressant, les a dévorés. Où sont-ils aujourd'hui et quelle place tiennent-ils dans les conseils du pays ?

A l'heure actuelle la France est gouvernée par l'estaminet et le cabaret. L'estaminet gouverne comme élu, et le cabaret, comme électeur. C'est dire que notre gouvernement suit la politique des commis-voyageurs et des gâcheurs de plâtre. Le pouvoir est aux mains du radicalisme et de l'opportunisme, en attendant de devenir la proie du parti de la dynamite et du pétrole. L'astre de Ferry brille encore, quoiqu'il commence à pâlir devant celui de Clémenceau, et déjà même se montre à l'horizon l'astre rouge de la Commune devant lequel celui de Clémenceau devra s'éclipser à son tour. Quant à la petite étoile du libéralisme, on la cherche vainement au ciel : c'est un astre désormais éteint. Il y a longtemps que les libéraux sont expulsés de partout. Leur phalange, pourtant si illustre, ne compte plus, et malgré les talents supérieurs et les probités incontestables qu'elle renferme, n'a plus aucune influence.

Cette expérience n'est-elle pas décisive? Et que peuvent demander de plus tant d'honnêtes gens pour être enfin guéris de cette singulière maladie intellectuelle qui a nom le libéralisme ?

CHAPITRE VII

La Contre-Révolution, sa nécessité, ses caractères.

Nous avons examiné successivement les trois formes de la Révolution, le socialisme, le radicalisme et le libéralisme.

Le socialisme nous est apparu comme l'expression complète et logique de la Révolution. Nous l'avons vu déclarer la guerre, non seulement à Dieu, mais à l'ordre matériel lui-même, et tendre à la ruine de toute religion, de toute autorité, de toute famille, de toute propriété.

Nous avons constaté la parenté étroite du radicalisme avec le socialisme. Nous l'avons vu accepter tous les principes du socialisme, sauf ceux qui regardent la propriété et tendre comme lui à la ruine de la religion, de l'autorité, et de la famille ; et de cette parenté étroite du radicalisme avec le socialisme, nous n'avons pas eu de peine à déduire son impuissance absolue à conjurer le triomphe du socialisme sur le terrain économique.

Enfin, nous avons montré que le libéralisme, bien qu'il ne soit pas essentiellement la guerre à Dieu, admet néanmoins, par cela seul qu'il tente de constituer la société en dehors de Dieu, le point de départ du radicalisme et du socialisme, et ne peut être dès lors qu'un acheminement fatal vers la Révolution extrême.

Nous pouvons donc dire que nous avons maintenant une idée claire de la Révolution. Aussi, quand nous proclamerons qu'il n'y a de salut pour la société et pour la France que dans une rupture complète avec les idées révolutionnaires, on ne pourra plus nous accuser de rêver je ne sais quelle résurrection du passé, et de vouloir rétablir, je ne dirai pas l'organisation sociale et politique du dix-huitième siècle, mais celle même du moyen-âge. Il est de mode, en effet, dans un certain monde et dans un certain public, de se représenter la vieille société française comme n'ayant pour ainsi dire subi aucune variation durant toute cette vaste période, qui s'étend depuis le commencement de la féodalité jusqu'au cataclysme de 1789. Rien n'est si contraire à la vérité qu'une telle supposition. Aussi, quand on nous parle du passé, sommes-nous en droit de demander à nos adversaires de quelle période du passé ils entendent parler. Rien n'est si évident, pour quiconque n'est pas absolument étranger à toute connaissance historique, que cette vérité, à savoir qu'il y avait autant et même plus de différence entre la France du dix-huitième siècle et celle du moyen-âge, qu'il n'y en a entre la France contemporaine et celle du dix-huitième siècle. Voilà ce que l'on perd trop souvent de vue quand on parle du passé, et c'est pourquoi l'on n'applique que trop souvent à toutes les époques et à tous les siècles ce qui n'était le propre que d'une époque et d'un siècle. Je ne me suis pas proposé, en écrivant ces pages, de faire l'apologie du passé. Cela n'est pas nécessaire au but que je poursuis. Ce n'est pas que je pense que le passé ait réellement mérité toutes les attaques qu'il est de mode de lancer contre lui, et qu'il n'y ait rien ou presque rien à dire à sa décharge. J'estime au contraire qu'à quelque époque qu'on le prenne, et tout en faisant la part du mal qui constitue, quoi qu'on en dise, un élément inévitable de toute société humaine, il fournira toujours une somme de grandeur et de bien, au moins égale, sinon supérieure à celle que peut fournir le temps actuel.

Il est commode, lorsque l'on vit à une époque qui a recueilli les fruits de dix-huit siècles de christianisme, de venir déclamer contre les institutions du passé. On fait montre là, qu'on me permette de le dire, d'une singulière myopie intellectuelle. Il faut pour apprécier sainement les institutions du passé, se reporter aux époques où elles florissaient. Pour ne parler que de la féodalité, par exemple, un seul instant de réflexion nous convaincra qu'à l'époque où elle a été établie, elle répondait à un besoin réel, et était même la meilleure chose alors possible. Il en est de même pour le servage. Si l'on veut se donner la peine de songer aux temps qui l'avaient précédé et qui n'avaient connu que l'esclavage, on reconnaîtra sans peine qu'il constituait un immense progrès. Mais qu'ai-je besoin de parler ici du servage? Est-ce par hasard contre le servage qu'était dirigé le mouvement de 1789? Qui ne sait, ou plutôt qui ne devrait savoir que le servage n'était plus depuis longtemps, quand la Révolution a éclaté, qu'un souvenir historique? Mais rien n'est moins connu que l'état véritable de la France avant 1789, et c'est une chose curieuse de voir les singuliers et tenaces préjugés qui courent à ce sujet.

Que de gens, par exemple, sont fermement convaincus qu'avant la Révolution, la propriété était le privilège exclusif de la noblesse et du clergé. Or, c'est le contraire qui est vrai, et nos archives sont pleines de documents qui attestent que, depuis longtemps, la propriété était accessible à tous, et que nos aïeux jouissaient même à cet égard d'une liberté plus complète que nous, puisqu'ils avaient la liberté de tester que nous n'avons pas.

Que n'a-t-on pas dit contre les privilèges de la noblesse? Pourtant, le premier privilège de la noblesse n'était-il pas de verser son sang pour la Patrie? La noblesse, d'ailleurs, n'était pas une caste fermée, comme celle des Brahmanes de l'Inde, par exemple. Le mérite en ouvrait l'accès à tous, et rien n'est si commun dans le passé que des lettres de noblesse accordées aux roturiers qui s'étaient distingués. Que de grandes familles françaises portent encore, au milieu de leurs titres, un nom vulgaire qui rappelle leur origine obscure!

Je ne m'étendrai pas sur la question des impôts. Et à vrai dire, si on faisait la comparaison du fisc ancien et du fisc actuel, elle ne serait pas à l'avantage de celui-ci. Il est puéril de se récrier contre la dîme, alors que peut-être nul peuple n'a jamais été imposé comme l'est aujourd'hui la France.

Si nous passons à la question de l'instruction, qui fait tant de bruit aujourd'hui, je soutiendrai que le passé n'avait rien à nous envier sous ce rapport. Il avait à peu près autant d'écoles primaires que nous, et avait assurément plus d'écoles secondaires. J'ajouterai que nul alors ne s'était encore avisé de vouloir imposer aux enfants du peuple l'enseignement sans Dieu. Ce ne sont pas les lettres que veulent apprendre aux enfants les Paul Bert et consorts, c'est l'athéisme. Un peuple qui saurait lire ne ferait pas leur affaire, s'il s'avisait de lire autre chose que la *Lanterne* et la *Petite République*. Enfin, pour terminer cette question, il me semble que le siècle qui a applaudi aux tragédies de Corneille et entendu les oraisons funèbres de Bossuet et les sermons de Bourdaloue, n'a rien à envier sous le rapport intellectuel au siècle qui en est réduit à compter parmi ses gloires M. About et à admirer *l'Assommoir* et la *Fille de Nana.*

On est trop porté à se représenter le pouvoir royal comme un pouvoir capricieux, placé au-dessus de toutes les lois. Or, le pouvoir royal était si peu arbitraire que Louis XIV, le plus absolu de nos rois, n'hésitait pas à ordonner de lui désobéir sous peine de désobéissance, s'il venait à prescrire quelque chose de contraire aux lois. Attendez donc quelque chose de semblable de la part des scélérats qui ont fait les décrets du 29 mars.

Je ne poursuivrai pas plus loin le développement de ce sujet. Je pense en avoir dit assez pour permettre aux lecteurs sérieux d'apprécier à leur juste valeur les déclamations ignares de nos journalistes et de nos députés contre l'ancien régime.

Le passé n'est donc point cette période d'oppression et de ténèbres qu'on nous représente sous des couleurs si sombres. Il a eu ses gloires, ses lumières, ses libertés même ; et au fur et à mesure que la science historique fera plus de progrès, elle tendra de plus en plus à le réhabiliter. Je ne veux pas dire pourtant qu'il fût exempt de tout mal, et je suis le premier à reconnaître que, lorsque le mouvement de 1789 s'est produit, bien des réformes étaient nécessaires. Le roi lui-même proclamait hautement cette nécessité, et le grand malheur de la France est que les réformes n'aient pu s'accomplir pacifiquement. Oui, l'immense malheur de la France est qu'au lieu de consolider, de réparer, d'améliorer un édifice vénérable par son antiquité et par l'esprit qui avait présidé à sa formation, et qui même, malgré quelques défaillances passagères, ne l'avait jamais abandonné on ait voulu élever un monument absolument nouveau, sur des fondations également nouvelles, et avec des matériaux qui jusqu'alors avaient été rejetés par tous les peuples. L'humanité avait toujours vu quelque chose de divin dans l'autorité, dans la famille, dans le droit de propriété; on n'a plus rien voulu y voir que d'humain. Aussi, au lieu d'une réforme, au lieu même d'une révolution, nous avons eu la Révolution, c'est-à-dire la révolte contre Dieu érigée à la hauteur d'un principe social, et c'est ce qui a tout gâté et qui, si nous n'y prenons garde, finira par tout perdre. Juge-t-on du degré de gloire, de liberté, de puissance, que la France aurait atteint si elle n'avait pas rompu brusquement avec toute son histoire et toutes ses traditions, et non seulement avec sa propre histoire et ses propres traditions, mais même avec l'histoire et la tradition de tout le genre humain?

Mais enfin, il est inutile de faire entendre des regrets superflus, et le mieux est de profiter des enseignements de l'expérience. Il semblerait que la Providence n'a permis ce long égarement de la nation française qu'afin de mieux faire comprendre aux hommes jusqu'à quel point il est nécessaire pour eux d'appuyer sur Dieu toutes leurs institutions. Par l'exemple de la France qui, depuis qu'elle a voulu séculariser la société, n'a pu trouver ni une heure de tranquillité politique, ni une heure de tranquillité sociale, l'humanité aura vu que sans Dieu il est impossible aux nations de subsister. Telle est la haute leçon qui se dégage des faits.

Lors donc que nous réclamons à grands cris la Contre-Révolution, nous ne désirons pas autre chose si ce n'est que cet enseignement soit enfin compris de nos concitoyens.

Nous ne voulons nullement les ramener à l'organisation sociale du passé, mais seulement à l'esprit chrétien du passé. Les institutions du passé ont eu leur raison d'être si on les prend aux époques qui les ont vues naître. Mais par le seul cours des choses humaines qui renferment toujours un élément essentiellement variable, cette raison d'être aurait nécessairement fini par disparaître, et avec elle il aurait bien fallu que disparussent aussi ou tout au moins se modifiassent ces institutions elles-mêmes. Quand bien même nous n'aurions pas eu l'épouvantable tempête de 1789, les réformes se seraient produites. La Révolution n'a fait qu'en compromettre et en fausser le caractère. Nous acceptons donc tout ce qu'il peut y avoir de bon dans l'organisation sociale actuelle. La société moderne n'a pas à craindre que nous lui imposions des institutions qui pouvaient convenir au moyen âge ou au siècle de Louis XIV, mais qui aujourd'hui seraient déplacées. Nous ne demandons qu'une chose à la société moderne, c'est qu'elle se laisse pénétrer par l'esprit chrétien. Et c'est cette réapparition de l'esprit chrétien dans nos mœurs et dans nos institutions qui constitue à nos yeux la Contre-Révolution. Nous prêter d'autres intentions c'est ne pas entendre notre langage, c'est méconnaître absolument notre pensée, c'est se tromper soi-même et tromper en même temps les autres.

La nécessité de cette Contre-Révolution est suffisamment démontrée par ce que nous avons dit dans les chapitres précédents.

La Révolution, nous l'avons vu, comprend trois groupes principaux : celui des socialistes qui s'attaque à tout, même à la propriété ; celui des radicaux qui est à peu de chose près d'accord avec les socialistes, sauf en ce qui concerne la question de la propriété, et enfin celui des libéraux.

Ce serait faire injure aux honnêtes gens que de leur

proposer la solution des socialistes qui seront peut-être nos maîtres de demain, ou celle des radicaux qui sont nos maîtres d'aujourd'hui. Il ne resterait donc que la solution libérale qui, par son caractère flottant et indécis, et même, nous n'hésitons pas à le reconnaître, par un certain côté généreux, pourrait séduire des esprits peu réfléchis. Mais cette solution, nous l'avons examinée dans le chapitre précédent, et il est manifeste maintenant, nous croyons du moins l'avoir suffisamment démontré, qu'elle ne peut nous conduire qu'à la solution radicale, et par la solution radicale, à la solution socialiste.

Il ne nous reste donc qu'une seule planche de salut, la reconnaissance publique des droits de Dieu, et c'est là la Contre-Révolution.

Sans inquiéter en aucune manière les protestants ni les juifs qui ont acquis une sorte de droit historique à la tolérance, sans contraindre personne à suivre les pratiques de la foi,—car ce sont là de vains épouvantails dont on effraie à tort l'esprit populaire — que la France reconnaisse publiquement Dieu ; que sa législation redevienne chrétienne et qu'elle-même, par tous les actes de sa vie officielle, prouve au monde qu'elle est encore la fille aînée de l'Eglise. C'est tout ce que nous demandons ; cela suffira à remettre l'ordre dans les esprits et à leur donner une idée plus véritable des choses. Les conséquences de cette confession publique et en quelque sorte sociale des droits de Dieu, ne tarderont pas à se faire sentir, et toutes les institutions, tous les droits y puiseront comme une consécration nouvelle ; ils participeront en quelque manière à la propre force de Dieu, Dieu communiquant toujours quelque chose de sa propre solidité à tout ce qui s'appuie sur lui.

On ne verra plus dans la société un fait humain, mais

une institution véritablement divine, absolument voulue par la Providence, parce qu'elle est le seul moyen pour que l'homme soit véritablement homme, et puisse ainsi atteindre sa fin éternelle.

La société une fois reconnue comme une institution divine, c'est la justice éternelle, c'est le droit éternel qui réglera les rapports des hommes, et non plus la volonté capricieuse et si souvent perverse du suffrage universel; chacun reconnaîtra que les hommes, loin de créer le droit, le reçoivent au contraire inflexible et immuable des mains très pures de Dieu, et nous n'assisterons plus à ces distinctions ridicules entre le droit ancien et le droit moderne, comme si le droit, dans son acception la plus élevée, n'était pas le même dans tous les temps et dans tous les âges, et qu'il fût au pouvoir de l'homme d'en modifier les prescriptions.

Le peuple ne prétendra plus à une souveraineté absolue qui est la ruine de toute autorité. On n'établira plus de distinction entre la souveraineté et le pouvoir et l'on proclamera l'identité de ces deux termes. Sans nier aucunement le droit qui appartient à la nation, en cas de vacance du pouvoir, de désigner ceux qui exerceront l'autorité et les conditions auxquelles ils l'exerceront, on confessera que l'autorité, une fois légitimement constituée, est la véritable souveraine ; qu'elle n'est donc point une sorte d'accident dans la société, mais qu'elle répond au contraire à une impérieuse nécessité, parce que sans elle la société se dissoudrait; qu'élément essentiel de toute société, elle a pour auteur l'auteur même de la société, c'est-à-dire Dieu, et tire de lui seul toute la force du commandement; que, rendue nécessaire par le besoin qu'a l'humanité d'être dirigée, besoin qui résulte de son impuissance absolue à se diriger elle-même, elle ne pourra remplir sa mission qu'à une double condition : 1° d'être à l'abri de la révolte et d'être ainsi assurée de son existence ; 2° de régler ses actes, non pas seulement d'après l'opinion, mais d'après la justice, et de résister même à l'opinion, quand celle-ci s'écarte de la justice.

L'autorité, ainsi pénétrée de ses droits et de ses devoirs, apprendra à respecter les trois choses avec lesquelles elle est principalement en rapport, la famille, la propriété, l'Eglise. Elle saura que ces trois institutions sont de droit divin, et que sa mission à leur égard n'est qu'une mission de protection.

Convaincue que la famille vient de Dieu qui en a lui-même édicté la législation, elle renoncera à sa prétention impie de marier les chrétiens, alors que le mariage entre chrétiens ne peut résulter que du sacrement ; elle renoncera à imposer à la famille l'affront du divorce ; elle renoncera enfin à la dépouiller du rôle éducateur en vue duquel elle est principalement ordonnée de Dieu.

La propriété n'étant plus considérée comme une sorte de concession de la société aux individus, sera mise par le commandement divin qui défend le vol, à l'abri des atteintes de l'Etat. Ses droits seront clairement établis; mais ses devoirs ne le seront pas moins. Et les classes supérieures, à quelque titre qu'elles le soient par le rang, par la fortune, par le talent, par le patronat, sachant enfin que cette supériorité sociale leur a été conférée par la Providence, moins dans leur propre intérêt que dans celui de leurs inférieurs, rempliront mieux leurs devoirs envers ceux-ci. Une législation plus humaine, plus chrétienne, réglera les rapports des patrons et des ouvriers ; sans doute, on n'enchaînera pas l'essor de l'activité humaine, mais on se souviendra davantage que tous les hommes sont frères, et la société ne sera plus ce champ de bataille où chacun lutte en quelque sorte pour la vie, et où les intérêts se font une guerre acharnée sans souci de la charité ni respect de la justice. De la sorte, cette question sociale, si terrible quand on veut la résoudre contre Dieu, ou en dehors de Dieu, se résoudra d'elle-même et presque sans effort par cela seul que l'on voudra la résoudre avec Dieu.

Enfin, l'autorité civile, reconnaissant dans l'Eglise la dépositaire de la vérité, la missionnaire infaillible de la parole divine, cessera de lui faire cette guerre misérable à laquelle nous assistons. Elle comprendra que respecter l'Eglise, c'est respecter Dieu, et que respecter Dieu, c'est s'assurer à elle-même la stabilité, et assurer en même temps à la société confiée à ses soins, la paix, le bonheur et la vraie liberté.

Tels sont les caractères de la contre-révolution. Arrière donc les terreurs folles que ce mot seul a le don d'exciter dans les esprits! Qu'on regarde une bonne fois la contre-révolution en face, et que, la mettant en parallèle avec la Révolution, on juge enfin de quel côté pour la société est la vie et de quel côté la mort.

Mais cette contre-révolution dont j'ai essayé d'esquisser la physionomie, d'une manière bien incomplète, je le reconnais, mais qui cependant, je l'espère du moins, dissipera bien quelques préjugés, cette contre-révolution est-elle possible avec la République, ou ne peut-elle, au contraire, s'accomplir qu'avec un autre régime ? C'est ce qui nous reste à examiner.

CHAPITRE VIII

La Contre-révolution est-elle possible avec la République ?

Je n'hésite pas à répondre non, d'abord parce qu'il y a entre la forme républicaine et la Révolution des affinités fatales qui tiennent à l'essence même de ce régime, et ensuite, parce qu'en France, lorsqu'on dit républicain, on dit révolutionnaire. Mais avant de démontrer cette double vérité, il ne me paraît pas hors de propos d'examiner la République en elle-même, c'est-à-dire abstraction faite de ce virus révolutionnaire qu'elle porte nécessairement en elle dans notre pays. Cet examen que nous ferons aussi rapide que possible, nous amènera à cette conviction que, quand bien même la République en France pourrait être autre chose que révolutionnaire, il lui faudrait encore préférer la monarchie.

J'ai souvent entendu dire à des gens qui pourtant n'étaient pas républicains : « la République serait le meilleur des gouvernements si les hommes étaient parfaits. » Hé bien, je regrette de le dire, mais c'est là une absurdité parfaite. En effet, si les hommes étaient parfaits, qui ne voit que leur gouvernement, quel qu'il fût, participerait à leur propre perfection ? La République ne présenterait donc dans cette hypothèse aucun avantage sur la monarchie.

A ne considérer même les choses que d'une manière idéale, je ne vois pas en quoi, à ce point de vue, l'on peut préférer la République à la Monarchie. Quelle autorité parle plus au cœur, est plus poétique que l'autorité paternelle ? Or, l'autorité paternelle, configurée à l'image de celle de Dieu qui est une monarchie pure, n'a rien de républicain, que je sache. La famille n'est nullement une sorte de petite république ; elle est plutôt un royaume puisque l'autorité n'y est pas le résultat de l'élection et n'y relève pas des enfants. La société elle-même n'est-elle pas comme une grande famille ? n'est-il pas naturel dès lors que l'autorité qui la gouverne rappelle celle de la famille? Dans la famille, l'autorité en quelque sorte royale du père, dans la société, l'autorité en quelque sorte paternelle du roi, voilà ce qui non seulement va le mieux à la raison, mais encore parle le mieux à l'imagination et au cœur.

Si, au lieu de dire que la République serait le meilleur des gouvernements si les hommes étaient parfaits, on se bornait à dire qu'elle ne serait possible que si les hommes étaient parfaits, on exprimerait là une grande vérité. Or, les hommes n'étant pas parfaits, concluez.

Non seulement, dans l'ordre purement idéal, la République ne me paraît nullement avoir l'avantage sur la Monarchie ; mais dans l'ordre pratique auquel il faut bien, quoi qu'on en ait, ramener toutes choses, il est évident qu'il lui est absolument défendu de vouloir même entrer en comparaison avec la Monarchie.

S'il est une chose que l'on doive consulter quand il s'agit de se prononcer sur les formes politiques, c'est assurément l'expérience. C'est elle, en pareille matière, qui juge en dernier ressort. Or, si nous voulons connaître ses arrêts, nous n'avons qu'à interroger l'histoire. Hé bien, je ne suis pas difficile, je demande tout simplement que durant tout le cours des siècles, on me montre un seul exemple d'un grand Etat constitué en république, et si l'on fait cela, je prends dès à présent l'engagement de me faire républicain.

Si l'on entend par République le gouvernement de tous par tous, cela n'a jamais existé et n'existera jamais. Tout le monde ne peut pas gouverner tout le monde ; ce serait la ruine immédiate et absolue de la société. La République la plus démocratiquement organisée qu'on puisse rêver se réduit uniquement à la faculté pour le peuple de choisir ceux qui gouverneront. Hé bien, je soutiens que la République, même entendue en ce sens restreint, n'a jamais été le gouvernement durable d'aucun grand peuple.

Qu'on ne m'objecte pas ici l'exemple des républiques de l'antiquité : il est hors de saison. Outre que les républiques antiques étaient atteintes de la plaie de l'esclavage, ce qui rend absolument impossible toute comparaison entre elles et ce que l'on entend aujourd'hui par République, il faut dire que chacune d'elles était renfermée dans l'enceinte d'une seule cité. Pour ne parler que de la République romaine, la plus fameuse de toutes, et celle qui a projeté le plus d'éclat, faisons remarquer que le peuple-roi n'était après tout que le peuple de Rome. La République était restreinte à la seule ville de Rome, et les peuples soumis par les armes romaines étaient aussi sujets qu'on peut l'être dans la monarchie la plus absolue.

Mais cette République romaine, dont on parle tant, n'a guère fourni, depuis la chute des rois jusqu'à l'établissement de l'Empire, qu'une carrière de cinq siècles ; ce qui n'est rien en comparaison de la monarchie française qui a déjà duré quatorze siècles, et dont rien ne démontre encore que la mission soit finie, quoi qu'en disent nos républicains, qui ne parlent si haut de la solidité de leur gouvernement, que pour qu'on n'entende pas les craquements qui déjà se font entendre de toutes parts dans leur vieil édifice de quatorze ans. Et encore faut-il remarquer que la République romaine avait un élément aristocratique et traditionnel qui manque à la nôtre, le sénat, institution avec laquelle, il n'est pas besoin de le dire, n'a rien de commun le bureau d'enregistrement qui siège au Luxembourg. Et ce sénat romain lui-même ne réussit à maintenir la forme républicaine si longtemps, qu'en faisant naître sans cesse de nouveaux sujets de guerre. Le peuple, constamment occupé par les guerres du dehors, ne pouvait se livrer aux agitations politiques intérieures avec toute sa liberté d'esprit. Mais dès que Rome, à force de vaincre, eut conquis le monde, on vit apparaître, avec la paix, les discordes civiles, fruit inévitable de l'état démocratique, et la République périt pour faire place à l'Empire qui seul, tant il y a de vertu dans le principe monarchique, même quand il est mal appliqué, réussit à retarder de quelques siècles la chute de la puissance romaine.

En fait de République qui ait réellement fourni une longue carrière, je ne vois guère que le Val d'Andorre : mais c'est le Val d'Andorre.

Parlera-t-on de la Suisse? Sans méconnaître les qualités du peuple Suisse, je puis me dispenser, je crois, de le considérer comme un grand peuple. Et encore me permettra-t-on bien, à propos de cette République, de faire observer quelle est moins une République qu'un composé de vingt-deux républiques minuscules.

Il reste les États-Unis. C'est derrière eux que se retranchent les républicains qui s'imaginent trouver là un rempart inexpugnable. J'aurais bien des choses à dire sur les États-Unis. Mais comme je ne veux pas donner à cette brochure les dimensions d'un livre, je me bornerai à trois remarques :

1° Joseph de Maistre disait de la République américaine : « C'est un enfant au maillot; laissez-le grandir. » Je trouve que l'enfant n'est pas encore assez âgé pour que cette parole ait cessé d'être vraie.

2° La République américaine, à l'exemple de la Suisse, est organisée fédérativement : ce qui la met hors de comparaison avec la République française, et attenue beaucoup pour elle, les vices de la forme républicaine.

3° En dépit de quelques apparences contraires, les États-Unis ne sont nullement un peuple primitif. Constamment en contact avec l'Europe, habités uniquement par une population originaire d'Europe, ils ont tous les vices des vieilles civilisations et cela seul peut suffire à démontrer qu'il ne fourniront pas une longue carrière, au moins sous la forme républicaine. On peut prédire qu'ils périront bientôt comme corps de nation, à moins qu'ils n'abritent leur unité sous la protection d'une monarchie, et à certains indices trés significatifs, il est permis de supposer que cette transformation dans leur régime politique n'est peut-être pas très éloignée.

L'histoire, on le voit, dépose absolument en faveur de la monarchie, puisqu'elle ne fournit d'exemple d'aucun grand peuple qui ait gardé longtemps la forme républicaine. Je pourrais m'en tenir là et dire que la cause est entendue. Mais je veux examiner de plus près les vices inhérents à cette forme de gouvernement.

C'est une loi inflexible de l'ordre politique qu'aucun gouvernement ne peut remplir sa mission qui est d'assurer la grandeur, le repos et la félicité du peuple confié à ses soins, qu'autant qu'il réunit les deux caractères de la stabilité et de la force. Il est nécessaire, pour qu'une nation arrive à un certain développement de prospérité et de splendeur, qu'une pensée constante préside à ses destinées et dirige toute sa politique. Or, comment cette constance de vues, cette poursuite perpétuelle d'un même but à atteindre, existerait-elle dans le gouvernement démocratique où l'élection amène sans cesse au pouvoir de nouvelles figures ? Point de traditions possibles dans un Etat semblable. Chaque nouvel élu, absolument étranger aux vues et aux idées de son prédécesseur, et qui même, la plupart du temps, n'est arrivé à le supplanter qu'en le combattant, amène nécessairement avec lui une politique nouvelle. Dans une monarchie, au contraire, le fils ne succède à son père qu'après avoir été initié en quelque sorte aux secrets de la politique, et nourri pour ainsi dire du lait de la tradition. Il connaît les mobiles qui ont toujours fait agir dans un sens donné les rois ses ancêtres. Il a l'esprit, je dirai plus, il a le génie de la famille ; et quand bien même il serait inférieur sous le rapport des talents à un chef élu, il l'emporterait encore sur lui par cette pensée traditionnelle dont il est l'héritier. Enfin, son règne n'est pas limité à quelques années comme dans une république ; il ne doit prendre fin qu'avec sa vie, et lui-même, de même qu'il a continué ses aïeux, se verra revivre dans ses descendants. Voilà pourquoi un peuple constitué en monarchie fournira toujours une carrière incomparablement plus longue qu'un peuple constitué en république.

S'imagine-t-on par hasard que la Prusse se fût élevée au degré de gloire et de puissance qu'elle a atteint dans ce siècle, si elle avait dû subir les changements ministériels si fréquents et si répétés qui sont après tout le plus clair résultat du système démocratique ?

Mais à la stabilité un gouvernement digne de ce nom

doit joindre la force, ou pour employer une expression plus juste, l'autorité. Et pour jouir de cette autorité, il faut qu'il ait en lui quelque chose qui le rende réellement respectable aux yeux de la nation. S'il est le simple élu de la nation et surtout l'élu à temps, comment la nation qui l'a pour ainsi dire créé de toutes pièces et qui sait que demain il ne sera plus rien, aurait-elle pour lui ce respect véritable sans lequel un pouvoir n'a qu'une existence précaire et amoindrie ? J'ajoute qu'un pouvoir qui doit tout à l'élection populaire et qui même n'est nommé que pour un temps limité, ne jouit d'aucun prestige à l'étranger. On sait très bien que ce pouvoir avec lequel on traite aujourd'hui ne sera plus celui de demain. Mais que le pouvoir soit héréditaire, et les inconvénients que je viens de signaler disparaissent d'eux-mêmes. L'hérédité le place dans une sphère supérieure. Plus indépendant de la nation, il représente mieux l'autorité divine, de laquelle toute autorité humaine n'est qu'une émanation. Il jouit donc au dedans et au dehors d'un respect et d'un prestige qui seront d'autant plus grands qu'il sera plus anciennement établi, et qu'il sera davantage revêtu de ce que j'appellerai la majesté des siècles.

Mais l'hérédité ne suffit pas pour rendre un pouvoir véritablement fort. Si le premier magistrat de l'Etat n'a qu'une influence dérisoire, s'il n'a pas dans la direction des affaires, je ne dirai pas toute la part, mais une part au moins prépondérante s'il n'est que l'instrument docile d'assemblées issues du suffrage, quel spectacle d'impuissance et d'imbécillité n'offrira pas un tel gouvernement? La monarchie est tellement dans la nature des choses que dans une république démocratique, il se produit toujours fatalement l'une ou l'autre de ces deux choses : ou quelque talent supérieur se révèle et alors tout plie devant lui ; seul, il gouverne ; il fait en tout prévaloir sa volonté, et la République qui exige au contraire que ce soit la volonté populaire qui domine, n'est plus qu'une fiction ; ou aucun homme supérieur ne se révèle, et alors nous assistons aux luttes mesquines de mille nullités rivales, et nous voyons au milieu de ces luttes les ressorts de l'autorité s'énerver, et la nation, fatiguée de tant d'agitations stériles, en venir à désirer par un excès contraire, je ne sais quel régime de sabre et d'autocratie. C'est ainsi que les démocraties oscillent perpétuellement entre ces deux extrémités, l'anarchie et le despotisme.

Instabilité et impuissance du gouvernement, tel est l'écueil inévitable de la République ; j'ajoute qu'elle est par excellence le régime des factions. Quand bien même, il ne se formerait pas dans son sein des partis divisés sur les questions politiques, il s'en formerait toujours qui le seraient sur les questions de personnes. La monarchie n'aurait-elle que cet avantage de fermer la porte à toutes les ambitions, en occupant la première place d'une manière irrévocable et perpétuelle, que cela seul me déterminerait à la préférer à la République.

Mais au moins la République a-t-elle quelques qualités qui puissent compenser les vices que je viens de signaler ? Elle s'en vante et elle nous dit que si elle n'a ni la stabilité ni la force de la monarchie, elle a sur celle-ci l'immense supériorité de donner la liberté, de coûter moins cher, et d'être essentiellement pacifique. Examinons-la donc à ces trois points de vue et voyons jusqu'à quel point ses prétentions sont fondées.

D'abord la liberté. Est-il vrai que la République assure mieux la liberté que la monarchie ? Je le nie absolument et les raisons que j'en donne sont bien simples.

Tout arrête un monarque qui voudrait opprimer, tandis que rien n'arrête la République. Le Roi, par cela seul que pèse sur lui toute la responsabilité des mesures oppressives, hésite à les prendre. Son propre intérêt, le souci de sa gloire, la crainte d'ébranler son trône, tout lui commande de n'user de son autorité que dans les limites du juste et de l'honnête. Il s'en faut de beaucoup, d'ailleurs, que le pouvoir royal soit toujours aussi absolu qu'on le prétend. Il y a toujours, soit dans les institutions et les lois, soit dans une aristocratie fortement appuyée au sol, soit dans des corporations puissamment organisées, mille obstacles qui lui font contrepoids et l'empêchent d'outre-passer de justes bornes. Au surplus, qu'on me permette cette remarque: que la souveraineté réside sur une seule tête, comme dans une monarchie absolue, ou qu'elle soit le partage de plusieurs, comme dans une République, au bout du compte, elle est toujours la souveraineté, c'est-à-dire, elle est toujours légalement toute-puissante. Or, je craindrai toujours moins pour ma liberté de la part d'un Roi même absolu que de la part d'une assemblée: et comme dans une République, c'est toujours l'assemblée issue du suffrage populaire qui, par la force des choses, constitue le pouvoir prépondérant de l'Etat, nul gouvernement n'est plus tyrannique par essence que la République. On peut faire entendre raison à un Roi, jamais à une assemblée. Un prince peut revenir sur un premier mouvement d'irréflexion ou de colère ; une assemblée s'entête toujours dans la voie qu'elle a une fois embrassée. Elle y met comme une sorte de point d'honneur. Un homme, si élevé qu'il puisse être, sait qu'il n'est qu'un homme et se défie toujours de ses propres lumières. Une assemblée ne doute jamais d'elle-même. Par cela même qu'elle est la réunion de plusieurs intelligences, elle se croit absolument à l'abri de toute erreur. Un Roi hésitera toujours même devant des mesures de simple justice rigoureuse; une assemblée qui n'obéit genéralement qu'à la passion, ne reculera pas à l'occasion, même devant des mesures criminelles. Il semble que la responsabilité, par cela même qu'elle repose sur un être collectif, disparaisse pour chaque député en particulier. L'horreur des attentats auxquels il s'associe est comme atténuée, comme anéantie pour lui par la multitude des volontés qui les commettent. Remarquons en outre qu'une assemblée se considère toujours comme l'expression de la majorité du pays. Or, c'est un fait d'expérience que rien n'est oppresseur, rien n'est dénué d'entrailles comme une majorité. Elle sera presque toujours sans pitié pour la minorité, et l'écrasera presque toujours impitoyablement. Un Roi, au contraire, se considère comme le père de tous ses sujets, et comme au fond son pouvoir ne relève pas de la majorité et qu'il n'est pas obligé, pour le maintenir, d'obéir aux caprices de la majorité, il aura toujours, même pour ses sujets dissidents, une tendresse qu'on ne rencontrera jamais dans un pouvoir républicain.

Passons à la question des impôts. En général, dans une République, les charges suprêmes sont moins rétribuées que dans une monarchie, je le reconnais; mais cela suffit-il pour que le peuple paie moins d'impôts? Les fonctions publiques peuvent être moins payées, mais elles sont plus nombreuses. La République est par essence le déchaînement de toutes les ambitions. Or, les gens au pouvoir n'ont qu'un désir, de s'y maintenir, et pour y réussir, c'est-à-dire, pour empêcher leurs rivaux de les en chasser, qu'un moyen qui est de créer sans cesse en faveur de ceux-ci de nouvelles fonctions.

Si le traitement du chef de l'Etat est moins élevé dans une République que dans une monarchie, car tout se réduit à peu près là, cette économie n'est-elle pas largement compensée par la multitude des fonctionnaires? Je n'ajouterai pas que la liste civile du Roi profite surtout à la nation. Elle permet au prince d'encourager les arts, de soulager une foule de misères, de venir en aide à de nobles infortunes. La liste civile enfin supporte une foule de dépenses qui, dans la République, restent à la charge des contribuables.

Un Roi, c'est une remarque qui a été faite bien des fois, n'osera jamais demander à l'impôt ce que lui demandera une assemblée élue : aussi les peuples les plus imposés sont-ils, en général, ceux qui s'imposent eux-mêmes. Pour nous en convaincre, nous n'avons qu'à faire la comparaison de ce que nous payons, aujourd'hui que nous sommes en République, avec ce que nous supportions quand nous avions la monarchie. Tout en tenant compte de la dépréciation considérable de l'argent et des dépenses extraordinaires nécessitées par la guerre et la commune, tout homme de bonne foi reconnaîtra que nul gouvernement n'a jamais été moins économique et n'a jamais coûté plus cher à la France que celui que nous subissons et que l'Europe ne nous envie pas du tout.

Reste la question de la guerre. J'aurais bien des choses à dire sur la guerre. Mais il faut me borner et me contenter de quelques courtes réflexions. La guerre n'est nullement attachée à une forme de gouvernement. Quel que soit le régime sous lequel vivront les peuples, les cas de guerre entre eux seront toujours aussi fréquents. il montrerait bien peu de philosophie celui qui s'imaginerait qu'en général les guerres sont dues à de profonds calculs et à de savantes combinaisons. La plupart du temps, c'est un ensemble de circonstances absolument indépendantes de la volonté de l'homme, bien plus que la volonté de l'homme lui-même, qui détermine la guerre. Souvent, c'est un événement imprévu qui la fait éclater et la rend même inévitable. Dans la plupart des guerres, le gouvernement qui reculerait se couvrirait d'une honte éternelle et déshonorerait avec lui sa nation tout entière. Nulle part plus que sur ce théâtre ne se manifeste toute la faiblesse de la politique humaine ; nulle part ne se révèle avec plus d'éclat cette Providence toute-puissante qui se joue des desseins des hommes, et sait, quand il lui plaît, infliger aux nations de sévères et sanglantes leçons.

L'histoire cite quelques conquérants fameux qui ravagèrent la terre. Mais n'avaient-ils pas presque tous une mission providentielle ? Et ce n'est certes pas la faible barrière d'une constitution politique qui eût pu les empêcher de la remplir. Les uns, comme Alexandre, étaient nés sur le trône ; d'autres, comme Napoléon, dans une condition obscure. Mais quand Dieu daigne accorder à un homme un de ces génies extraordinaires qui font l'étonnement des siècles, il lui importe peu que cet homme soit un enfant du peuple. Il sait le tirer des rangs de la multitude ; il aplanit devant lui toutes les difficultés ; il l'arme lui-même du sceptre et de l'épée ; il fait marcher la terreur devant lui ; et si le monde surpris demande comment un pauvre officier de fortune a pu arriver à dominer la terre, il n'y a qu'une réponse à lui faire : C'était l'élu des vengeances divines !

Je n'ajouterai qu'une réflexion ; c'est qu'un prince qui occupe le trône en vertu du droit d'hérédité, et qui, par là même, est assuré du lendemain, n'a pas les mêmes raisons de se lancer dans la guerre qu'un gouvernement précaire qui, se sentant à la merci d'une élection, est fatalement amené à chercher dans la gloire d'une guerre bien conduite le lustre qui lui manque et à conquérir ainsi une popularité qui assure son maintien aux affaires. Si notre gouvernement républicain n'a pas encore eu de grande guerre, c'est moins à son esprit pacifique que nous devons l'attribuer qu'à sa lâcheté ou au sentiment de sa propre impuissance. Il n'a pas fait la guerre en Europe, parce qu'il ne croyait pas pouvoir la faire sans danger ; mais il l'a faite en Tunisie et au Tonkin, parce que là, elle lui paraissait sans péril.

Mais je crois en avoir assez dit sur la République envisagée uniquement comme forme de gouvernement, et j'espère que ces quelques réflexions feront comprendre aux lecteurs sérieux pourquoi, quand bien même elle pourrait être chez nous autre chose que révolutionnaire, il lui faudrait encore préférer la monarchie.

Mais ce qui doit surtout nous la faire rejeter, quand bien même elle serait pour nous la forme politique idéale, c'est le caractère révolutionnaire qu'elle revêt fatalement en France.

Nous sommes peut-être moins divisés en France sur la question politique proprement dite que sur la question sociale. Et j'entends ici la question sociale dans son sens le plus étendu. Je ne l'entends pas seulement dans ce sens restreint où elle ne s'applique qu'aux rapports du capital et du travail. A nos yeux, la question ouvrière, si vaste soit-elle, puisqu'elle renferme l'ordre économique tout entier, n'est pourtant qu'un des aspects multiples de la question sociale. La véritable question sociale embrasse dans son cycle immense les questions capitales de l'origine, de la fin et des lois primordiales de la société. Elle est donc essentiellement religieuse et se rattache d'une manière évidente à la propre question de l'origine et de la fin de l'homme. Il est manifeste, en effet, que la question sociale se pose tout autre, si l'homme est doué d'âme et a une fin éternelle que s'il n'est que matière et doit mourir tout entier.

L'école socialiste, qui est matérialiste, assigne nécessairement à la société une origine et une fin humaines et comme dans cette hypothèse, le bonheur ne peut plus être poursuivi que sur la terre, elle est logiquement amenée à chercher dans un bouleversement de la propriété cette félicité après laquelle l'humanité soupire. Mais la République lui apparaît fatalement comme la seule forme politique capable d'amener ce bouleversement général de la propriété qui est le terme de ses aspirations. Aussi l'école socialiste est-elle et ne peut-elle être que républicaine. La République ne repose-t-elle pas uniquement sur le suffrage universel? L'affinité entre elle et une doctrine qui commence par nier Dieu et par proclamer la souveraine et absolue indépendance de l'homme, est donc fatale.

Pareillement, l'école radicale qui nous gouverne aujourd'hui n'est et ne peut être que républicaine. N'admet-elle pas tous les dogmes de l'école socialiste, sauf en ce qui concerne la propriété? Ne nie-t-elle pas Dieu? Ne proclame-t-elle pas que la société n'est qu'un fait humain, que l'autorité n'est donc, pour employer l'expression si concise et si énergique du Syllabus, que la somme du nombre? Comment, dès lors, pourrait-elle ne pas être républicaine ?

Enfin, l'école libérale elle-même qui, sans nier Dieu ni sans vouloir lui faire la guerre, admet cependant que la société peut se passer de lui, qu'elle le doit même, qu'ainsi l'exige cette liberté pleine et entière à laquelle ont droit, selon elle, toutes les opinions, est nécessairement amenée à rêver ou bien une espèce de République athénienne, c'est-à-dire, une chimère, ou bien je ne sais quelle monarchie bâtarde qui n'est au fond qu'une République déguisée, puisque dans cette monarchie, comme dans la République, le chef de l'Etat n'est que l'instrument docile de la volonté des chambres qui elles-mêmes sont, du moins le prétendent-elles, la pure expression de la volonté populaire.

De leur côté, ceux qui considèrent la société comme un fait divin, et qui pensent que, bien que sa fin immédiate soit temporelle, néanmoins, cette fin temporelle doit être subordonnée à la fin éternelle qui est la fin suprême vers laquelle il faut que convergent toutes les fins particulières, sont naturellement amenés à souhaiter le régime politique qui leur paraît devoir le mieux réaliser ici-bas l'idée qu'ils se forment d'un gouvernement chrétien. Et comme la vieille monarchie française est chrétienne par son origine, son esprit, ses tendances, par toute son histoire, comme elle tire du seul droit chrétien toute la force de son principe, c'est vers cette monarchie que les âmes croyantes tournent toutes leurs espérances et tous leurs désirs.

On le voit donc bien, c'est dans la seule manière dont les Français envisagent la question sociale qu'il faut chercher le secret de leurs préférences politiques. Suivant qu'un individu chez nous est chrétien, ou libre-penseur, il est légitimiste ou républicain. C'est une règle presque constante que chacun peut facilement vérifier. Et s'il se rencontre dans les rangs de la République quelques croyants égarés, c'est là un phénomène dont il faut renoncer à trouver l'explication, et qui n'étonne pas moins les royalistes que les républicains. Les premiers se demandent comment un croyant sincère peut être partisan d'un régime qui s'est, en quelque sorte, identifié avec la Révolution, et les autres se demandent comment il peut repousser un régime si naturellement ami de sa foi.

Quoi qu'on puisse penser du cas exceptionnel que je viens de signaler et sur lequel je ne m'appesantirai pas davantage, car je veux rester poli, il demeure acquis que l'alliance entre la République et la Révolution est fatale, et cela seul doit nous faire rejeter la République.

Comment, d'ailleurs, la République ne serait-elle pas essentiellement révolutionnaire ? n'est-ce pas au moment de l'éclosion de cette Révolution qui n'est au fond, nous croyons l'avoir montré, que la négation de toute idée religieuse, qu'elle-même a fait sa première apparition parmi nous ? Comment n'aurait-elle pas embrassé avec enthousiasme une doctrine sociale à laquelle, on peut le dire, elle devait sa propre existence ? Aussi, chaque fois que nous avons eu à subir le régime républicain, l'avons-nous vu verser dans l'ornière révolutionnaire. La troisième et si douloureuse expérience que nous faisons de ce funeste régime ne demontre-t-elle pas jusqu'à la dernière évidence qu'on ne peut attendre de la République que l'application et le développement du programme de la Révolution ? Quand bien même la République serait à un moment donné entre des mains conservatrices et chrétiennes, elle n'y pourrait pas rester ; elle est liée par son origine, et de même que la monarchie française a reçu dans les plaines de Tolbiac le baptême de la foi, la République a reçu dans la Révolution le baptême de l'impiété. Aussi l'esprit français qui est essentiellement logique et qui n'aime pas les situations fausses, ne comprend pas plus une république qui ne serait pas révolutionnaire, qu'il ne comprendrait une monarchie qui ne serait pas l'alliée de la religion. Voilà pourquoi le peuple Français, voyant que les conservateurs avaient établi la République, s'est empressé, contre l'attente de ses maladroits fondateurs, de la confier aux républicains, c'est-à-dire, aux révolutionnaires qui seuls peuvent passer à ses yeux et seuls sont, en effet, républicains.

Se flatter que l'on pourra remonter le courant révolutionnaire en conservant le régime qui en a lui-même brisé les digues, ce serait faire preuve d'un aveuglement étrange, disons plus, d'un manque complet d'intelligence.

Concluons donc : le salut de la France étant attaché à la contre-révolution, et la République n'étant et ne pouvant être que la forme politique par excellence de la Révolution, ce n'est pas d'elle assurément que nous pouvons attendre le relèvement de la Patrie ; ce n'est pas avec elle que nous pourrons éviter l'épouvantable guerre sociale qui s'annonce déjà comme imminente. Un seul, un suprême espoir nous reste encore d'échapper à la crise terrible qui se prépare : le retour à une monarchie franchement chrétienne. J'adjure mes concitoyens de ne pas l'oublier. Qu'ils tendent uniquement vers ce but ; qu'il soit l'objet de tous leurs efforts et de tous leurs actes, et ils auront bien mérité de Dieu et de la France : de Dieu, parce qu'ils auront maintenu ou rétabli son règne en France, et de la France, parce qu'en rétablissant chez elle le règne de Dieu, ils l'auront sauvée elle-même.

CHAPITRE IX

Que la monarchie chrétienne est la seule solution qui s'impose.

Une loi sublime domine la création tout entière. Rien dans l'univers ne subsiste ou n'agit que par la vertu toute-puissante de Dieu.

Dieu est présent partout, il soutient tout, il opère tout en tous.

Non seulement il a créé toutes choses, mais rien de ce qu'il a créé ne conserve l'être que parce que l'acte créateur est en quelque sorte renouvelé à chaque instant.

Nous tenons de Dieu, non seulement l'être, mais la manière d'être. Nul bien n'est en nous qu'il ne l'y ait lui-même mis. Nos actes eux-mêmes, sans cesser de nous appartenir, sont plus encore à lui qu'à nous. Nulle puissance créée ne peut sans lui procéder à son acte propre. Nous avons un tel besoin de lui que sans lui nous ne serions même pas capables de concevoir une seule pensée. Notre libre arbitre lui-même ne brise pas la chaîne qui nous rattache à lui, et sans rien perdre de sa qualité propre, il relève, comme tout ce qui existe, de la suprême et universelle cause.

La loi mystérieuse dont nous parlons est tellement la raison d'être de toutes choses que sans la présence perpétuelle de Dieu, sans l'action perpétuelle de Dieu, rien ne subsisterait, rien n'opérerait ; en sorte que, si la main divine qui porte tout, venait un seul instant à se retirer du monde, on verrait aussitôt la création tout entière retomber dans le néant.

Seule, cette loi merveilleuse donne l'explication métaphysique de la coexistence de l'infini et du fini, du créé et de l'incréé. Sans elle, Dieu et le monde sont deux termes que sépare un abîme désormais infranchissable ; il n'y a plus de lien entre eux, et la raison affolée est acculée à l'une ou l'autre de ces deux extrémités également absurdes : ou nier Dieu pour ne laisser subsister que le monde, ou nier le monde pour ne laisser subsister que Dieu.

Cette loi qui, comme tout ce qui touche à l'Être suprême et à son action sur le monde, est mélangée de lumière et d'obscurité, mais de telle sorte que l'obscurité humilie la raison sans la détruire, et que la lumière l'éclaire sans l'enorgueillir, est universelle et ne souffre aucune exception. Elle s'applique aussi bien à l'ordre physique qu'à l'ordre moral, et l'ordre politique qui n'est, à vrai dire, qu'une catégorie de l'ordre moral, est également régi par elle.

Par là, il est démontré combien vaines et insensées sont les prétentions de ceux qui se flattent de construire en dehors de Dieu un édifice social quelconque. Non seulement cet édifice social d'où la pensée de Dieu serait absente, ne sera jamais construit, parce qu'il s'écroulerait au fur et à mesure qu'on l'élèverait, mais le seul désir d'une telle œuvre, le seul fait de vouloir tenter la construction de ce monument impie amènerait fatalement les catastrophes les plus affreuses. Or, c'est d'une pensée de ce genre qu'est née la Révolution qui n'est, au fond, que la plus gigantesque tentative qu'aient faite les hommes pour se soustraire au règne de Dieu. Mais quoique la Révolution n'ait jamais triomphé d'une manière complète, quoique aucune de ses victoires n'ait encore été définitive, néanmoins, elle a réussi à ébranler profondément l'édifice social. On le sent trembler sur ses bases ; on sent que Dieu n'y est plus aussi présent qu'autrefois, et cette quasi-absence de Celui sans lequel rien ne vit ni ne peut vivre, commence déjà à faire sentir ses effets. Les pierres du monument se désagrègent peu à peu; les fondations elles-mêmes chancellent. Les notions saintes du droit et du devoir disparaissent les unes après les autres. Chaque jour c'est un respect qui s'en va, une idée élevée qui s'éteint. La simple honnêteté elle-même n'est plus qu'un objet de satire, et l'habileté heureuse est la seule chose qu'on estime. L'égoïsme, l'envie, la haine, l'esprit d'insubordination prennent insensiblement la place des anciennes vertus. La religion, la famille, l'autorité sont publiquement traitées de balançoires, non par un ouvrier déguenillé dans la fièvre du vin bleu, mais par un magistrat français. La liberté elle-même qui, bien que la Révolution en ait faussé l'idée, devrait garder encore au milieu de sa déchéance quelque chose de son ancien prestige, est appelée par ceux qui lui doivent leur fortune, une vieille guitare ! Et la Patrie, la Patrie dont le flanc saigne encore de l'horrible blessure que lui ont faite les barbares, la Patrie dont les drapeaux sont voilés d'un crêpe funèbre, la Patrie, enfin, dont il devrait suffire d'évoquer l'image douloureuse et sacrée pour arracher des larmes à tous les yeux français, qui songe encore à elle ? Oui, qui songe à la France? Ce honteux régime républicain nous a tellement rendus lâches, que l'ombre seule d'un casque prussien nous ferait fuir. Telle est la triste et navrante réalité.

Le peuple jadis le plus facile à gouverner du monde, peut à peine supporter quelques mois un ministère. Comme un malade perclus de douleurs, notre société, véritable corps en ruines, se retourne vainement sur la dure couche que lui a faite la Révolution. Chaque mouvement qu'elle fait, loin de lui procurer le repos, envenime ses plaies. Fatiguée de souffrir, il lui arrive parfois de se livrer à des mouvements plus brusques, et nous assistons alors aux journées de Juin, ou aux horreurs de la Commune. Mais ces mouvements, par cela seul qu'ils sont plus brusques, aggravent encore le mal. Enfin, une convulsion suprême viendra, plus terrible, plus effroyable que les autres. Le malade fera un énergique, un dernier effort pour ressaisir cette vie qui lui échappe. Mais vaine tentative ! Cette secousse désespérée achèvera de le briser et il ne restera plus après elle qu'un cadavre de peuple, et l'humanité qui sait déjà dans quelles angoisses horribles expirent les damnés, verra avec un indicible effroi comment meurent les nations sans Dieu !

Depuis que j'ai commencé à écrire ces pages, la pensée de cette catastrophe finale n'a pas cessé de me hanter. Je vois la hideuse guerre sociale prête à se déchaîner sur mon pays ; j'assiste en imagination aux convulsions suprêmes, au dernier battement de cœur, au râle d'agonie de la France. J'entends les cris de l'émeute triomphante, les chants d'orgie des bêtes humaines ivres de sang et de vin, les soupirs des victimes, les gémissements des mourants. Toutes les horreurs de la Commune se renouvellent sous mes yeux, non plus localisées à la seule ville de Paris, mais étendues à la France entière. La lueur des incendies m'environne ; la dynamite fait son œuvre ; églises et palais, monuments publics et privés, tout brûle, tout s'écroule ;

sur des débris fumants, tout un peuple en armes se déchire de ses propres mains. Le barbare, dont l'œil étincelant a suivi avec joie les péripéties de nos discordes, franchit enfin la frontière et précipite sur notre nation épuisée ses hordes envahissantes. Et pendant que l'incendie jette sa dernière flamme, et le canon vainqueur de l'ennemi, son dernier rugissement, au-dessus des ruines et des décombres, au-dessus des cadavres en putréfaction, au-dessus de ceux qui sont morts et de tant de vivants qui vont mourir, il me semble voir planer, l'épée nue à la main et la face irritée, l'Ange des colères divines qui trace dans le ciel en lettres de feu, ces mots terribles : *Finis Galliæ!* La France est condamnée ! La France se meurt ! La France est morte !

Cette effrayante vision n'est-elle qu'un vain fantôme de mon imagination surexcitée ! Non, non. Vous-mêmes, gens satisfaits et heureux, vous-mêmes qui m'accusez de rêver, vous ne croyez pas que je rêve, et vous sentez bien, au fond de vos consciences, que toutes ces images sont encore bien au-dessous de ce que sera l'épouvantable réalité de demain. Vous croyez tout comme moi à l'imminence de la crise que je prédis. Vous entendez comme moi les grondements précurseurs qui l'annoncent. Pourquoi nier ce dont vous ne pouvez douter ? Pourquoi chercher à vous tromper vous-mêmes ? Auriez-vous peur du remède qui seul pourrait vous sauver ? Et plutôt que de reconnaître le mal dont vous allez mourir, préféreriez-vous garder ces illusions dangereuses qui vous ont conduits jusqu'aux portes du tombeau ?

Français ! je ne puis croire qu'il vous aura été dit en vain de songer à la France ; je ne puis croire que la grande pensée de la Patrie n'aura pas assez de puissance sur vos âmes pour vous faire renoncer à des préjugés funestes, à des divisions stériles.

Je crois vous avoir suffisàmment démontré tout le danger des doctrines révolutionnaires, si mitigées qu'elles soient, et sous quelque masque de libéralisme qu'elles cherchent à se dissimuler. Je crois vous avoir prouvé que ce n'est pas en conservant la République que vous pourrez réagir contre cette Révolution qui vous tue. Si vous n'êtes pas atteints de cet aveuglement fatal qui serait le signe certain de la réprobation de la France, reconnaissez avec moi la nécessité du rétablissement de la monarchie chrétienne.

Mais, me dira-t-on, l'Empire ne serait-il pas une solution tout aussi bien que la Royauté, peut-être même préférable ? Il y a bien longtemps que la Royauté a disparu. Les Français n'en ont plus qu'une idée confuse. Ils se la représentent sous mille couleurs odieuses qui sont autant d'obstacles à son rétablissement. Mais l'Empire ne date que d'hier ; son souvenir est encore vivant ; il n'y a pas contre lui cette montagne de préjugés qui se dresse contre la monarchie. Il a la réputation justement meritée d'être énergique, et avec cela, l'immense avantage de ne pas heurter les idées modernes. C'est le seul régime qui convienne à l'heure actuelle, le seul qu'il soit facile de rétablir. Crions donc : Vive l'Empereur !

Vive l'Empereur ! Lequel ? Jérôme ou Victor ? Il y a, sur cette seule question de personnes, une difficulté qui suffirait à me faire écarter la solution bonapartiste. Mais plaçons-nous sur le terrain des principes. Il nous fournira des arguments bien autrement sérieux.

De deux choses l'une, ou l'Empire n'a rien de commun avec la Révolution, et alors il est la même chose que la monarchie chrétienne ; ou il est, au contraire, inféodé à la Révolution, et alors il faut absolument le rejeter.

Si l'Empire admet tout ce qui constitue la Contre-Révolution, le régime qu'il personnifie ne diffère donc en rien de la monarchie chrétienne. Mais alors, nous sommes en présence de deux représentants des mêmes principes, et j'ai le droit de reprocher à l'Empire de diviser, dans un seul but d'ambition, les forces conservatrices; j'ai le droit de lui dire que c'est à lui, comme étant le plus jeune, de céder, dans l'intérêt de l'union, la place à la Royauté; j'ai le droit enfin de lui dire qu'en vertu des principes chrétiens, la Royauté est en France le seul gouvernement légitime, et que, tant qu'il restera dans le monde une seule goutte du noble sang de nos vieux rois, du sang de ces rois qui ont fait la Patrie, il ne pourra être, lui, qu'un usurpateur.

Mais l'Empire est-il vraiment aussi anti-révolutionnaire que certains de ses amis, dont je ne méconnais nullement, je me hâte de le dire, le dévouement à la cause conservatrice, voudraient nous le faire croire ou cherchent à se le persuader à eux-mêmes? Je réponds hardiment: non! J'affirme que par son origine et par ses doctrines l'Empire est essentiellement révolutionnaire; j'affirme que si la République est la Révolution sous la forme anarchique, il est, lui, la Révolution sous la forme autoritaire: ce qui ne vaut pas mieux.

Nul plus que moi n'admire le génie de Napoléon Ier, nul plus que moi n'est convaincu de la mission providentielle que cet homme extraordinaire avait à remplir. Je suis trop français pour que mon cœur ne batte pas d'enthousiasme et de fierté au seul souvenir des journées d'Austerlitz, d'Iéna et de Friedland. Je serai toujours reconnaissant à ce grand capitaine de l'immense gloire dont il abreuva ma patrie. Et quand je me le représente expirant sur le rocher de Sainte-Hélène, au milieu des solitudes de l'Océan, et dans un silence égal au bruit dont il avait rempli le monde, j'adore sans doute la main divine qui châtia le génie coupable, mais je ne puis m'empêcher de reconnaître qu'elle le châtia avec miséricorde, et qu'une des preuves magnifiques de a bonté persistante de Dieu à l'égard de Napoléon, est, selon la remarque de Louis Veuillot, d'avoir daigné le punir. Devant cette expiation si pleine de poésie et de grandeur et qui est encore un bienfait, je considère l'insulte et l'outrage comme la dernière des lâchetés. Que les corbeaux et les vautours raillent l'aigle expirant ! moi, je le plains et je l'admire.

Mais mon admiration pour Napoléon Ier ne va pas jusqu'à me faire oublier les fautes de ce grand homme. Et parmi ces fautes, je lui reproche principalement, et comme un des manquements les plus graves à la mission dont Dieu l'avait chargé, je lui reproche, dis-je, d'avoir prêté aux principes de la Révolution l'appui décisif de son épée, de les avoir fait passer dans nos lois, et d'avoir contribué plus que tout autre, avec moins de malice sans doute, mais avec aussi peu de clairvoyance, à faire cette société moderne qui se vante, comme de sa plus belle conquête, de ce qui est au contraire sa honte et sa faiblesse, je veux dire, d'être sécularisée, d'être laïque, c'est-à-dire, sans croyance officielle. Voilà la grande faute de Napoléon, celle dont toutes les autres découlent et qui, à elle seule, suffit à donner à l'Empire le caractère révolutionnaire.

Mais il est un autre signe auquel on reconnaît dans l'Empire le fils de la Révolution. C'est le principe de l'appel au peuple, et c'est par là que l'Empire diffère profondément de la monarchie chrétienne. Qu'y a-t-il, en effet, au fond de ce principe, sinon la souveraineté du peuple, c'est-à-dire le principe revolutionnaire par excellence? Il importe peu que le pouvoir qui gouverne soit un pouvoir usurpateur ; il importe peu qu'il se soit établi au mépris des droits les plus certains : dès que le peuple a ratifié le vol du trône, dès que, pour employer l'expression d'un des membres les plus éminents du parti bonapartiste, il a posé son large pied, tout est légitime, le crime lui-même devient saint, et le fait triomphant a toute la force du droit.

Si les bonapartistes n'invoquent la théorie de l'appel au peuple ou de la souveraineté du peuple, car c'est tout un, que par une ruse de guerre, qu'ils me permettent de leur dire que c'est là une comédie indigne d'eux, indigne de la France.

S'ils l'acceptent au contraire doctrinalement et par principe, je leur crierai alors qu'ils sont des révolutionnaires et que, comme tels, la France n'a rien à attendre d'eux.

Que les membres catholiques du parti bonapartiste pèsent bien au fond de leurs consciences ces courtes réflexions, et ils en reconnaîtront toute la vérité.

J'aime à croire qu'en se proclamant bonapartistes, ils obéissent plutôt à des souvenirs personnels qu'à une conviction raisonnée. Si c'est un sentiment de reconnaissance et d'affection qui dicte leur conduite, s'ils obéissent à des traditions de famille, je ne les en blâmerai pas ; car il y aura toujours dans la fidélité à une cause malheureuse, quelle qu'elle soit, quelque chose de respectable. Qu'ils examinent cependant s'il est raisonnable d'exagérer de tels sentiments jusqu'au point de leur sacrifier l'intérêt supérieur de la vérité et de la patrie.

Mais je ne m'étendrai pas plus longuement sur l'Empire ; j'estime en avoir dit assez, et je reviens à la monarchie chrétienne qui nous apparaît maintenant comme la seule solution dont la nécessité s'impose.

Que devra être cette monarchie pour remplir véritablement sa mission ? Je vais le dire en quelques mots.

Elle devra d'abord être franchement chrétienne, c'est-à-dire rompre résolument avec ce libéralisme qui, pendant trop longtemps, a inspiré toute la politique française, et n'a produit, dans l'ordre intellectuel, que le scepticisme, et dans l'ordre pratique, que la question sociale. Qu'elle ne rougisse pas de se proclamer nettement catholique, ce qui n'exclut pas, nous l'avons vu, une large tolérance pour les opinions dissidentes.

En second lieu, qu'elle se garde du parlementarisme comme de son plus mortel ennemi. Qu'elle n'oublie pas que le parlementarisme est essentiellement révolutionnaire, et qu'un gouvernement, uniquement basé sur l'opinion et esclave de la seule opinion, ne peut avoir aucune suite dans sa politique, aucune autorité au dedans ni au dehors, aucune chance de durée. Nous ne demandons nullement qu'on supprime les chambres, mais nous voulons les réduire à leur rôle véritable de conseillères, d'auxiliaires du gouvernement. Que le Roi ne se borne pas à régner ; mais qu'il gouverne ; que les ministres relèvent de lui et ne soient plus les esclaves de la majorité. Que nos députés n'aient qu'une mission: concourir à la confection des lois et au vote du budget ; et qu'ils cessent d'aspirer à se transformer en Convention. Que le sénat de son côté, soit un corps puissamment organisé ; qu'au lieu d'être une sorte de bureau d'enregistrement des caprices de la chambre basse, il soit, autant par son origine que par ses prérogatives, cet élément pondérateur indispensable dans toute société. Nous aurons de la sorte un gouvernement assez fort pour assurer l'avenir, suffisamment limité pour qu'à l'ombre de son autorité s'épanouisse une sage liberté.

Vous, anciens amis du comte de Chambord, qui détestez avec tant de raison la Révolution, et vous, monarchistes parlementaires, ou républicains honnêtes qui aviez gardé jusqu'à ce jour quelques illusions libérales, voulez-vous enfin sauver la France ? Travaillez de concert à l'établissement de ce gouvernement fort et chrétien dont je viens de parler.

M. le comte de Paris est l'objet des méfiances d'un certain nombre de légitimistes. Ils craignent qu'il n'aille trop à gauche. Que ceux qui manifestent ces craintes me permettent de leur rappeler ce que disait Joseph de Maistre, en parlant de Louis XVIII, et d'en faire l'application à M. le comte de Paris :

« Le plus grand crime que puisse commettre un « Français royaliste, c'est de voir dans le roi autre « chose que son roi, et de diminuer la faveur dont il « importe de l'entourer en discutant d'une manière « défavorable les qualités de l'homme ou ses actions. Il « serait bien coupable le Français qui ne rougirait pas « de remonter aux temps passés pour y chercher des « torts. L'accès au trône est une nouvelle naissance. On « ne compte que de ce moment. »

Le comte de Paris, il ne faut pas se lasser de le redire, succède à Henri V et non à Louis-Philippe. Il arrivera au pouvoir par la grande porte de la légitimité. Il aura donc nécessairement quelque chose de l'esprit ancien et traditionnel. En un mot, il sera Philippe VII, et non Louis-Philippe II. J'ajoute qu'il serait odieux de faire de l'opposition à M. le comte de Paris, au moment même où la République affolée va peut-être le frapper d'ostracisme.

Quant aux libéraux qui voudraient entraîner le roi dans les bras de la Révolution, qu'ils se rappellent bien tout ce que j'ai dit dans cette brochure sur le danger du libéralisme; qu'ils renoncent donc à de funestes illusions, et qu'ils s'unissent à nous, les vieux légitimistes, pour former avec nous le grand parti de la restauration de la monarchie nationale et chrétienne. Il se créera ainsi dans le pays une force véritable vers laquelle l'esprit public apprendra peu à peu à se tourner, et le Roi lui-même, appuyé sur elle, pourra enfin se montrer tel que le demande la gravité des circonstances, et parler et agir comme il le doit, en roi.

TABLE DES CHAPITRES

PARIS. — IMP. V. GOUPY ET JOURDAN, RUE DE RENNES, 71.

GOUPY & JOUR
IMPRIMEURS A PARIS

www.ingramcontent.com/pod-product-compliance
Ingram Content Group UK Ltd.
Pitfield, Milton Keynes, MK11 3LW, UK
UKHW012051240726
13965UKWH00003B/1205

9 782012 976740